GLOBAL ECONOMIC GOVERNANCE

全球经济治理

治理

变迁演进 与 中国实践

Evolution and
China's Practice

岳华 著

上海人民出版社

前　言
共商共建共享，推动全球经济治理体系改革

　　面临百年未有之大变局，新一轮科技革命和产业变革深入发展，大国战略博弈全面加剧，国际体系和国际秩序深度调整。新时代积极参与全球治理体系改革，以中国新发展为世界提供新机遇，有助于驱动中国高质量发展。党的二十大报告指出："中国积极参与全球治理体系改革和建设，践行共商共建共享的全球治理观，坚持真正的多边主义，推进国际关系民主化，推动全球治理朝着更加公正合理的方向发展。"中国经济发展进入新阶段，高质量发展的实践具有重要的历史价值与意义。但是，中国式现代化建设面临一系列国内外挑战与问题，全球化经历意义深远的结构性转变，在地缘冲突、供应链危机等多重挑战下，全球滞胀与经济下行并存，通胀压力持续走高，产业链和货币体系重构加快，亟待推动参与全球治理体系改革，通过践行共商共建共享的全球治理观，在新发展格局下实现中国式现代化的飞跃。

　　以中国和世界发展面临的重大问题为出发点，推动构建高质量国际经济治理体系。经济高质量发展要取得新突破，要坚定不移奉行互

利共赢的开放战略,践行共商共建共享的全球治理观。"坚持对话协商,推动建设一个持久和平的世界;坚持共建共享,推动建设一个普遍安全的世界;坚持合作共赢,推动建设一个共同繁荣的世界;坚持交流互鉴,推动建设一个开放包容的世界;坚持绿色低碳,推动建设一个清洁美丽的世界。"践行共商共建共享的全球治理观,共同培育全球发展新动能,反对保护主义,反对"筑墙设垒""脱钩断链",反对单边制裁、极限施压,促进国际宏观经济政策协调,共同营造有利于发展的国际经济新秩序。

牢记中国方案的价值使命,以"中国立场、中国智慧、中国价值的理念、主张、方案",聚焦四大经济领域,推动全球经济治理体系改革。全球经济治理涉题广泛,践行共商共建共享的全球治理观,本书重点阐述全球金融治理、全球贸易投资治理、全球能源治理、全球气候与可持续发展治理四个经济领域治理议题,全面彰显新时代中国实践与中国智慧。基于全球经济治理的理论框架,本书着重从全球经济治理目标、治理主体、治理对象、治理工具以及治理成效五方面,全面系统梳理大变局下中国在构建全球金融治理格局、全球贸易和投资治理格局、全球能源治理格局以及全球发展治理格局方面的具体创新实践,体现中国为不断优化全球经济治理的体制机制作出的世界大国贡献。

坚持经济全球化正确方向,推动全球经济治理体系改革。面对全球复杂的经济局势,中国以更积极主动的姿态加强对外合作,同世界各国互利共赢,推动共享中国大市场机遇、制度型开放机遇以及深化国际合作机遇,筑牢中国经济增长基石,推动高质量发展,在实现中华民族伟大复兴中国梦的同时,增强人类命运共同体构建的内在动力。

目　录

导　　论

第一节　研究背景

中央经济工作会议指出,坚持推进高水平对外开放,稳步扩大规则、规制、管理、标准等制度型开放。新时代高水平对外开放,筑牢中国稳增长坚实基础,以中国新发展为世界提供新机遇,成为驱动中国高质量发展的重要动力。我国经济发展进入新阶段,中国高质量发展的实践具有重要的历史价值与意义。但是,中国式现代化建设面临一系列国内外挑战与问题,亟待推进高水平对外开放,进而在新发展格局下实现中国式现代化的飞跃。

一、坚持推进高水平对外开放

中央经济工作会议指出,要更大力度推动外贸稳规模、优结构,更大力度促进外资稳存量、扩增量,培育国际经贸合作新增长点。党的十八大以来,我国经济年均增长率达到6.2%,对世界经济增长平均贡献率超过30%。2017年起我国货物贸易总额连续六年保持全球第一,

2022年,中国与《区域全面经济伙伴关系协定》(简称RCEP)成员国贸易额达12.95万亿元人民币。党的十八大以来,我国实行更加积极主动的开放战略,形成更大范围、更宽领域、更深层次对外开放格局。中央经济工作会议指出,要坚定不移深化改革扩大开放,不断增强经济社会发展的动力和活力。高水平开放是高质量发展的重要路径和组成部分。面对全球化将经历意义深远的结构性转变,竞争环境向有利于发达经济体的方向倾斜,这就更迫切地需要中国作为推进全球化的主要力量,坚持互利共赢,反对"零和博弈"。

推进高水平对外开放,要全面提升贸易投资合作质量和水平,更好统筹国内循环和国际循环,围绕构建新发展格局,增强国内大循环内生动力和可靠性,提升国际循环质量和水平。同时,要更好统筹供给侧结构性改革和扩大内需,通过高质量供给创造有效需求,夯实高质量发展的基础动力。经济高质量发展要取得新突破,需要形成更高水平开放型经济新体制,通过践行共商共建共享的全球治理观,建设共同繁荣的国际经济秩序。面临前所未有的挑战,中国始终是经济全球化的支持者和推动者,推动贸易和投资自由化便利化,推进双边、区域和多边合作。加快推动《全面与进步跨太平洋伙伴关系协定》(简称CPTPP)实质性谈判,以海南自由贸易港等建设为抓手,制定新版自由贸易试验区负面清单。同时积极深化亚太经济合作组织框架内合作,推进亚太自由贸易区进程,全面深入参与世贸组织改革,推动RCEP、CPTPP、《数字经济伙伴关系协定》(简称DEPA)相互衔接,推进构建面向全球更高标准的自贸区。

二、中国高质量发展面临挑战

在新冠肺炎疫情反复、地缘冲突、供应链危机等多重挑战下,全球滞胀与经济下行并存,通胀压力持续走高,产业链和货币体系重构加快,国际经贸呈现区域化趋势。2023 年 5 月,联合国发布了《2023 年世界经济形势与展望》,将 2023 年全球经济增长预期由 1.9% 小幅上调至 2.3%,将 2024 年增长预期从 2.7% 下调至 2.5%,同时大多数国家的通货膨胀率居高不下,预计 2023 年全球平均通胀率为 5.2%。世界经济发展不确定性也加剧国内预期转弱趋势,输入型通胀压力、人民币汇率与金融市场波动、产业链供应链不稳定性持续增加。2022 年,全国社会消费品零售总额同比下降 0.2%,中国经济稳增长的挑战加剧。

加大跨周期政策协调,高度关注外部通胀风险对金融体系的冲击,强化跨境资本流动的监测预警,宏观调控要更加注重结构性。全面推动实施创新驱动发展战略,加快产业技术创新,致力于培育新经济、新业态、新商业模式,坚持绿色低碳发展,拓展绿色产业和绿色金融,用高新技术和先进适用技术改造提升传统产业,重视平衡新能源与传统能源之间的关系,确保能源安全和供应链稳定。优化外向型营商环境,加强对企业应对国际政治经济形势变化的政策指导。增强国内大循环内生动力和可靠性,多措并举保障产业链供应链稳定。鼓励跨国企业合作,增强对全球优质要素资源的吸引力。清理对外资企业的歧视性政策,促进市场公平竞争。"站在新的历史起点,中国开放的大门只会越开越大。"面对全球复杂的经济局势,中国以更积极主动的姿态加强对外合作、同世界各国互利共赢,推进高水平对外开放,加快建设贸易强国,筑牢中国经济增长基石,推动建设开放型世界经济,惠及各国人民。

第二节　研究内容

本书通过梳理全球经济治理的发展演变,明确全球经济治理的内涵、模式变迁、运行机制、重点领域及发展趋势，全面探讨新格局下全球经济治理的新内涵、新特征，及其面临的主要挑战和形成原因。将全球经济治理视角延展到中国，梳理中国参与全球经济治理体系改革和建设的战略，从实践层面归纳全球经济治理变革历程中的中国模式、中国智慧、中国理念和中国贡献。根据对全球经济治理变革趋势的研判，从不同领域和不同视角提出完善全球经济治理的中国方案，以顺应和引领全球经济治理转型。

一、全球经济治理的理论演变

通过系统梳理全球经济治理的理论动态和演变趋势，深入了解全球经济治理的逻辑与机制。首先，基于全球经济治理的形成与完善，全面厘清全球经济治理的内涵、相关理论及所涵盖的重点领域。从广义和狭义两个不同范畴对其进行定义，基于治理目标等梳理其构成要素，通过治理规则等方面归纳其基本特征，总结外部性理论等相关理论，从国际金融、国际贸易与投资、气候与可持续发展、能源等领域全面考察其主要内容与重点领域。其次，聚焦于第二次世界大战（简称"二战"）结束以来全球经济治理体系与治理模式的历史沿革。将全球经济治理划分为三个阶段，具体而言，将1945—1975年界定为美国主导的"霸权治理"时期；将1975—2008年界定为发达国家集中治理下的"俱乐部协调"时期；将2008年至今界定为传统大国与新兴大国的"多元共治"时期，以期系统深入了解全球经济治理的运行机制与动态演变。最后，落脚于新时代背景下全球经济治理理论的新发展与贡献。

二、全球经济治理的中国实践

梳理归纳中国参与全球经济治理的历程及特点，探析中国从逐步融入、全面参与到主动引领的角色变迁，并基于世界贸易组织、二十国集团(简称 G20)、亚太经济合作组织(简称 APEC)等多边机制平台以及"一带一路"倡议、RCEP 等制度型开放角度，明确中国在不同阶段参与全球经济治理的具体特征。在上述梳理基础上，明确在世界百年未有之大变局背景下全球经济治理的中国方案与中国智慧。一方面，针对全球金融治理、全球贸易投资治理、全球能源治理、全球气候与可持续发展治理等全球经济治理重点领域现状及存在问题，中国始终以构建人类命运共同体为理念积极引领现行全球经济治理机制平台的重组和改革。同时，主动参与并推动全球经济治理规则的重构与创新，提升中国已经缔结的区域自由贸易协定的积极作用，为全球经济治理变革注入全新动力。另一方面，发挥自由贸易试验区一系列制度创新成果，通过促进区域经济发展加速中国引领全球经济治理变革的进程。在多边主义框架下，以深化"五通"为核心内容，不断完善与创新"一带一路"倡议中的相关国际规则，将全球经济治理机制的改革与创新推向新高度。

第三节　研究创新与意义

一、理论层面

从全球治理理论聚焦于全球经济治理理论，梳理贯穿全球经济治理发展演变的经济全球化相关理论、价值链理论、外部性理论、公共品理论等，深入探析全球经济治理变革的内在理论逻辑，拓宽全球经济治理的研究范畴，为相关研究提供一个系统、全新的视角，以丰富和补充现有文献。

基于西方主流国际经济学微观和宏观理论，系统探讨国际贸易、国际投资、国际金融、气候能源等全球经济治理的重点领域，厘清遵循西方主流经济学理论框架和突破西方主流经济学理论框架的全球经济治理演变历程，阐述中国开放型宏观经济理论对全球经济治理的理论贡献。

二、现实层面

对中国而言，基于全球经济治理的新特征、新变化，作为世界第二经济大国，中国参与全球经济治理的模式亟待与时俱进，这不仅是适应经济全球化新形势发展的需要，也是突破全球经济治理困境的现实需求。本书以长期以来中国参与全球经济治理的实践为主线，以创新中国智慧和中国方案为目标，通过概述中国逐步融入、全面参与、主动引领全球经济治理的历程，探索国际经济新格局下的中国智慧与中国方案，为进一步提升中国在全球经济治理体系中的话语权和主动权提供思路，增强新兴市场国家和发展中国家在全球事务中的代表性和发言权。

从全球视角来看，伴随发展中国家和新兴经济体的崛起，国际分工深度演进，国际环境复杂多变，现有全球经济治理体系未能因时而变，无法适应世界经济格局的调整、国际分工体系的变化，近乎失灵。以全球经济治理发展演变与改革转型为主线，以提出中国方案有力、有序推动全球经济治理变革为目标，通过系统梳理不同时期全球经济治理理论及其应用，深入剖析现阶段全球经济治理面临的问题及困境，探索完善全球经济治理的理论和方略，以期推动构建公正合理的国际经济新秩序，助力全球经济治理走出困境。

第一章　全球经济治理概述

第一节　全球经济治理的基本内涵

一、全球经济治理的定义

理查德·库珀(Richard N. Cooper)可以说是全球经济治理研究的先驱人物,其在 1968 年的著作《相互依存经济学》中论述到,世界经济日趋全球化、一体化,特别是金融、贸易和投资流动正在形成日益一体化和高度相互依存的全球经济,但是民族国家通过产业政策、贸易保护和补贴等措施在不断抵制这种一体化,在此过程中,整个世界的经济遭到了破坏。库珀说,世界经济的一体化发展和政治分裂之间的紧张关系会造成经济动荡,威胁到世界经济的开放和效率,而理想的解决方法是建立某种对全球经济的国际管理。随后罗伯特·吉尔平(Robert Gilpin)进一步指出,无论是国内经济还是世界经济日益一体化,都不能单靠市场来监管自己。需要有一种国际管理机制在新的全球经济中发挥功能,特别是提供若干公共物品和解决市场失灵问题。在提供公共物品和解决市场失灵时,要有解决金融、贸易和投资等方面争端的法规,确保货币和金融稳定,为企业制定共同的标准和条例,管理全球通信和运输以及解决环境污染问题。可以看出,虽然理查德·库珀、罗伯特·吉尔平并没有对全球经济治理的定义给出明确的阐述,但传达的思想是:由于世界经济运行存在诸如贸易保护、市场失灵等弊端,需要对国际经济活动进行管理。

以上思想是关于全球经济治理的早期理解,而真正的全球经济治理研究兴起于20世纪40年代,以布雷顿森林体系的建立为标志,此后全球经济治理在曲折中前进,其间经历了石油危机(1973—1975年)、拉美经济危机(20世纪80年代)、东南亚金融危机(1997—1998年)、2008年国际金融危机以及新冠肺炎疫情的冲击而发生了一些调整和变革。全球经济治理的定义产生于20世纪90年代后期,目前学者尚未对其定义达成共识,但对其内涵的理解相差不大。一个普遍的观点认为,全球经济治理是国家、政府间国际组织、非政府组织、跨国公司、公民组织等,为建立稳定、公平、公正、合理及可持续发展的全球经济秩序,按照一定的制度规范对全球经济领域内的经济问题凭借不同的合作机制进行的治理。根据联合国秘书长在2011年联大报告中的界定,全球经济治理是国际社会各行为体通过协商、合作、确立共识等方式,开展全球经济事务协调与管理,以解决从地区层面到全球范围的经济稳定和经济增长,并维持正常的国际政治经济秩序的互动过程。

除上述定义之外,其他学者也给出了自己对于全球经济治理的理解,主要有:Madhur(2012)、Drezner 和 Daniel(2014)、陈伟光(2012)、裴长洪(2014)。Madhur(2012)认为全球经济治理就是在没有主权权威的情况下,治理超越国家边界的经济关系。当一个国家干涉其公民的经济活动时,其他国家及其公民必然会受到影响。因此,国家经济行动往往具有全球性影响。在没有全球政府的情况下,管理这样一个全球化进程需要正式或非正式、制度化或临时性的政府间安排。而全球经济治理是嵌入在此类安排中的制度、规范、准则、标准、实践和决策过程。Drezner 和 Daniel(2014)则认为全球经济治理是为管理全球经济而建立的一系列正式和非正式规则,以及发布、协调、监管或执行上述规则的一系列权威关系。国内学者陈伟光(2012)认为全球经济治理是国家和非国家行为体按照一定的制度规范对全球或跨国经济问题进行的治理。裴长洪(2014)则把全球经济治理理解为全球治理在经济领域的应用和延伸,是经济活动与治理关系的反映,并指出相比较全球治理而言,全球经济治理在概念上又有一些自身的特点。一是经济理论的运用。既然是经济领域的治理就必然会引入经济理论作为全球治理的理论基础之一。二是治理途径和治理范围的特定性。全球经济治理更加强调主权国家和国际组织在治理途径中的作用,且治理范围仅仅局限于全球治理的经济范畴之内。

二、全球经济治理的构成要素

全球经济治理是治理目标驱使下的国际经济秩序的重塑过程(隋广军等,2020)。在这一过程中,需要明确全球经济治理预期所要达到的目标是什么(治理目标),参与主体都有哪些(治理主体),作用于什么样的客体(治理对象),通过什么样的手段或者途径实现预期目标(治理工具),以及如何评估全球经济治理的成效等(治理成效)。这些要素共同构成了全球经济治理的主要内容和基本框架。

(一)治理目标

全球经济治理的目标,就是全球经济治理的参与方和倡导者所要达到的理想状态与行为目标。从全球经济治理参与方和倡导者的眼光来看,全球经济治理的目标应当是超越国家边界、种族、宗教、意识形态、经济发展水平之上的全人类的普适价值(俞可平,2002)。从现代经济学一般意义上考察,全球经济治理就是通过提供全球公共物品,纠正全球市场失灵,提高整个世界经济的效率和有效性(裴长洪,2014),从而实现全球范围内的帕累托最优。具体来讲,全球经济治理的目标是:(1)维护国际经济稳定和经济安全;(2)实现全球范围内的经济可持续发展;(3)构建公正、有效的全球经济治理框架。当然,全球经济治理目标较为宏大,兼具复杂性和指向性特征,因此,实现这一目标的过程必然是一个长期的、渐进性的过程(隋广军等,2020)。

(二) 治理主体

治理主体涉及治理参与者的问题,是全球经济治理活动的基本单元。全球经济治理的主体主要有三类。第一类是民族国家,主权国家是全球经济治理中最为重要的主体。为了实现全球经济治理,主权国家选择让渡部分主权,组建国际组织,并授权国际组织协调主权国家行动,帮助各国获取更大的发展利益(张宇燕等,2017)。主权的让渡并不是对主权的"削弱",而是对传统的国家主权本位的超越,是对国家利益本位的更高层次上的"回归"(张丽华,2009)。因此,民族国家在国际治理体系中仍然占据主体地位,是全球经济治理中最重要的治理参与主体(孙伊然,2013)。第二类是正式和非正式的政府间国际组织,其中,正式的政府间国际组织主要包括世界贸易组织(WTO)、世界银行(WB)、国际货币基金组织(IMF)、亚洲基础设施投资银行(AIIB)等;非正式的政府间国际组织较多,主要包括七国集团(G7)、八国集团(G8)、二十国集团(G20)、亚太经济合作组织(APEC)、金砖国家峰会(BRICS)、东盟与中日韩(10＋3)等;第三类是全球公民社会组织,所有由私人性质的主体成立的公益性的跨国机构、组织、协会等。此外,大部分学者也认为跨国公司有助于理顺全球价值链上各个环节的关系，也是全球经济治理的重要参与主体（张宇燕等，2017）。

（三）治理客体

全球经济治理涉及的治理客体，也即治理对象问题，主要包括国际金融治理、国际贸易和投资治理、国际气候治理、全球可持续发展治理、国际能源治理、国际宏观经济政策协调治理等。每个治理方面涉及的侧重点各有不同，其中，国际金融治理侧重于实现全球金融市场和金融机构监管的全球合作和协调，防范和处置潜在的系统性金融风险，促进全球金融体系有效顺畅运转，构建公正高效的全球金融治理格局；国际贸易和投资治理侧重于调解和处理各类投资贸易纠纷，建立多边贸易和投资体系，推进贸易投资自由化和便利化，构建开放透明的全球贸易和投资治理格局；国际气候治理侧重于实现全球绿色低碳发展，构建公正、合理、有效、共赢的国际气候治理框架；全球可持续发展治理侧重于实现全球减贫，缩小发达国家与发展中国家的经济差距，走可持续发展之路；国际能源治理侧重于构建绿色低碳的全球能源治理格局；国际宏观经济政策协调治理侧重于完善全球货币体系，建立健全各国财政政策、货币政策和汇率政策的合作和协调机制，避免各种政策的负面实施效果外溢，达到维护全球经济的稳定和发展，减少全球经济的波动和危机。

（四）治理工具

治理工具涉及依靠什么治理的问题，通常来说是指维护全球经济秩序的规则体系，如世贸组织的监督机制、贸易谈判机制、贸易争端解决机制、政策审议机制等。这种规则体系能够确保全球经济秩序的正常运行，调节国际经济关系，汇聚治理主体预期的一系列的观念、原则、规范、标准、决策程序等（白华等，2019）。裴长洪（2014）指出大量全球问题的凸显说明在全球范围内单纯依靠市场手段存在缺陷。因此，建立一套具有约束力的全球治理规则就显得十分重要。国际治理较之国内治理更强调规则的作用，强调国家、非政府组织、私人部门等国际治理的参与者通过具有约束力的规则进行合作。张宇燕等也指出在世界政府缺位的情况下，每个行为体都以自身利益最大化为目标。一旦无法调和诸多差异性利益，将会导致"合成谬误""公地悲剧""市场失灵"等问题，这就需要国际制度、规则和机制确保全球治理的顺利进行，实现预期的经济活动（俞可平，2002）。

（五）治理效果

治理效果涉及对全球经济治理绩效的评估，即治理得怎么样，是否完成既定的预期目标。俞可平（2002）、隋广军等（2020）认为全球经济治理在维护全球经济秩序和良好运转方面能够发挥积极效应，而且这种积极效应可以通过一定的评估标准加以测定。在评定标准方面，宋国友（2015）提出了三个核心的评估标准：一是增长标准，即全球经济经过治理后是否产生继续的强劲增长；二是机制标准，现有国际经济机制是否运行良好，是否出现新的全球经济治理以及对于全球经济机制的改革是否有突破；三是合作标准，治理是通过集体协调的行动而非以竞争甚至对抗的方式出现。虽然各个国家都希望治理效果显著，从而受益于全球经济治理，但并不是所有的治理效果都能达到全球帕累托最优，在全球经济治理过程中往往会出现利益分歧，其中，公共物品提供中的"搭便车"现象就普遍存在。从经济学意义上来说，全球经济治理是一种跨国界的公共产品。由于每个民族国家都是为了自身利益参与全球经济治理，而全球经济治理的效果具有非排他性和非竞争性，这使得每个国家都试图搭别国的"便车"，而不希望其他国家搭自己的"便车"，这便构成了全球经济治理中公共产品提供的不足（裴长洪，2014）。

这一现象导致最初目标偏离预期设定的目标,从而使得最终的治理效果差强人意。

三、全球经济治理的基本特征

(一)治理主体具有多元性

全球经济治理的主体具有多元性,既包括主权国家、政府间国际组织,又包括非政府国际组织、跨国公司以及公民组织。其中,政府和政府间国际组织一直居于主导地位,跨国公司、国际性非政府组织、全球性公民组织也发挥着不可忽视的作用。近年来,国际性非政府组织如雨后春笋般涌现出来,数量急剧增加,影响力迅速上升,成为全球经济治理中不可忽视的一个力量(隆国强,2017)。

(二)治理规则涵盖广泛

治理规则在全球经济治理体系中居于核心位置。俗话说,无规则不成方圆,二战以后,特别是当今的全球经济治理体系具有明显的规则化特征,因而,这轮经济全球化也被称为基于规则的经济全球化。相应地,全球经济治理也是基于规则的全球经济治理。全球经济治理体系在演进过程中,规则覆盖面越来越广、内容越来越细致完备。经济全球化参与主体的规则意识也不断增强,对国际经贸规则的尊重程度不断提升。

(三)治理机制具有多层次性

全球经济治理体系并不是由单一的国际组织或治理机制构成的,而是由多层次治理机制构成的。全球性的、区域性的、国家性的治理组织交织在一起,共同构建全球经济秩序治理框架,如世界银行、国际货币基金组织、世界贸易组织、国际清算银行等国际组织既各司其职又相互联系。2008年国际金融危机爆发后,二十国集团在全球经济治理体系中的地位迅速上升，成为多方沟通协调宏观经济政策的重要平台。近年来，如"一带一路"倡议、区域全面经济伙伴关系、金砖国家合作机制等区域合作机制也快速发展，成为全球经济治理体系演进的一个重要特点。区域贸易安排也显著增多，从20世纪90年代初的20来个迅速增加到目前的450多个，未来数量将进一步提高。

（四）治理行为具有弱强制性

全球经济治理体系中不存在具有强制执行力的世界政府，而是以沟通、协调、磋商、谈判为主要运作方式，依靠各参与主体的合作来实现治理目标。比如，世界贸易组织由于具有争端解决机制而被称为"有牙齿的老虎"，在一定程度上具有执行协定的强制性，但对违规成员最严厉的处罚也只是授权利益受损方采取贸易报复措施。大多数全球经济治理机制缺乏规则执行的强制性，一个国家违规的主要代价是国际声誉受损。因此，这种弱强制性的特点是既会给治理行为带来灵活性，又会给治理行为带来有效性不足的局面。

（五）治理目标兼具复杂与长期性

全球经济治理所要达到的目标是人类共同的普适价值，得到一个大家都满意的结果实属不易，而参与主体又是代表各个不同利益的主权国家，利益诉求不同，会导致集体行动偏离一致行动，且在利益的驱使下他们也有动机作出这种偏离行动的选择，难以达成预期设定的目标。此外，作为全球经济治理目标，一般都比较宏大，加上各个主权国家之间的弱强制性，实现这一目标必然是一个漫长的过程。

第二节　全球经济治理的运行机制

全球经济治理机制是治理主体通过什么样的途径作用于治理客

体,从而达到治理目标的一种具有约束力的制度安排。在全球经济治理运行的过程中,涉及的机制众多,特别是平台机制和峰会类机制,以各类峰会、治理平台和国际组织为载体。其中,峰会类主要包括联合国峰会、G20 峰会、亚太经济合作组织峰会、欧盟峰会、东盟峰会、世界气候大会、世界核安全峰会、全球健康峰会等;平台类中,最具有代表性的平台莫过于 G20 合作平台,还有区域性的金砖国家合作平台、RCEP 合作平台等;国际组织的数量众多,代表性的有国际货币基金组织、世界银行和世界贸易组织等。这里我们只介绍这类平台或峰会中最基本的机制,主要包括成员资格机制、决策机制、争端解决机制、监督机制等。

一、成员资格机制

全球经济治理组织的成员资格一般分为创始成员和加入成员两种方式,创始成员是国际组织建立之初的缔约国,也就是签署国际组织的创始文件、协定或条约,承诺履行相关协定所规定的义务的成员国。加入国则是需要向国际组织提出申请,经过一系列谈判和决议,承诺履行相应义务和协定的成员国(张宇燕等,2017)。举个例子,2014 年 10 月 24 日,包括中国、印度、新加坡等在内 21 个首批意向创始成员国的财长和授权代表在北京签约,共同决定成立投行。2015 年 12 月 25 日,亚洲基础设施投资银行(简称"亚投行")正式成立。2019 年 7 月 13 日,亚投行理事会批准贝宁、吉布提、卢旺达加入。2021 年 10 月 28 日,亚投行第六届理事会年会闭幕,尼日利亚加入申请获得批准,至此,亚投行成员数量增至 104 个。首批 21 个国家即为创始成员国,而贝宁、卢旺达、尼日利亚等国家属于加入成员国。从法律上讲,创始成员国和加入成员国所承担的义务和享受的权利是等同的,但是在加入成员国谈判过程中,会被提出和附加一些特殊的要求和条件,因而加入成员国可能会比初始成员国承担更多的义务。大多数国际组织都采取创始会员和加入会员两种形式，如世界贸易组织、世界银行、国际货币基金组织等，都是如此。

二、决策机制

国际组织为了实现自身的宗旨和使命，都采纳某种决策程序。联合国、国际货币基金组织、世界银行和世界贸易组织等一些重要的国际组织对决策机制规定了具体的程序规则。这些国际组织主要采取的决策机制主要有平权表决制、加权表决制或者协商一致等决策机制。

在对重要议案进行决策时，国际组织通常实行投票表决制，依据票数的多少对议案进行赞成或者反对。根据投票权的大小，可以把投票表决制分为平权表决制和加权表决制。根据对赞成票比例的不同规定，平权表决制又分为全体一致表决制和多数表决制。全体一致表决制、多数表决制和加权表决制均来自国际法中的国际组织表决制度。

全体一致表决制的规则是指行政决策方案的通过需要参与行政决策的全体投票人都对某项行政决策方案投赞成票。在这种决策规则之下，一项行政决策方案的通过，取决于全体投票人一致同意，只要其中任何一个投票人投了反对票，其他人的一致选择结果就无效。譬如，联合国安理会常任理事国形成决议时，一个基本条件就是要中国、美国、俄罗斯、英国、法国五国一致同意。

多数表决制是以多数票表决通过决议的制度，可分为简单多数表决制和特定多数表决制：前者要求赞成票超过所投有效票的一半；后者要求赞成票达到所投有效票的特定多数，如三分之二或四分之三。

加权表决制，即指在某些有关经济、金融等领域的国际组织中，实行按照特殊比例分配给各成员国以不等量的投票权，采取所谓"加权表决制"。这一制度偏重于从成员国的利益大小与经济实力着眼,给予占优势的国家以较大的决定权,根据一定标准给予国际组织成员国以不同票数或不等值的投票权的一种表决制度,与一国一票的制度相反。在这种表决制中,分配表决权所依据的标准包括成员国的人口、对组织的出资金额、贡献、责任、利害关系等。其主要适用于国际经济组织中,其中最典型的就是国际货币基金组织中的特别提款权,各个国家所认缴份额不同,行使的决策权力也不尽相同。

三、争端解决机制

当成员国家在经贸往来中发生矛盾和冲突时,需要有一种手段来解决这些矛盾和冲突。传统的国际贸易争端有两种解决途径:一是所谓"势力导向型"(power-oriented approach);另一种是所谓"规则导向型"(rule-oriented approach)。前一种方式中,发生争端各方以谈判方式解决争端,谈判结果通常与各方政治和经济实力强弱有关。后一种方式,各方以事先制定的规则为依据,由独立第三方对争端进行裁决(黄东黎,2020)。其中最为典型的贸易争端解决机制是 WTO 的贸易争端解决机制,被誉为"WTO 皇冠上的明珠"。

WTO 贸易争端解决机制也是 WTO 不可或缺的一部分,该机制的核心内容是争端解决规则与程序的谅解(简称"DSU 协议")。DSU 协议给出了两种贸易争端的解决途径:一是外交磋商,二是走司法程序。即便是最后用司法手段来解决贸易争端,但 DSU 还是鼓励各方先通过外交途径的友好磋商方式解决争议。在这一机制里面,DSU 建立了争端解决机构来负责监督争端解决机制的有效运行。该机构被称为争端解决实体(简称 DSB),负责 DSU 和各有关协议关于争端解决规定的执行,它有权设立专家组,通过专家小组的报告和上诉机构的报告,检查被裁决的国家用多长时间和何种方式执行裁决和建议，以及授权暂停适用协议下的减让和其他义务（即实施报复）。除此之外，DSB还设立了上诉机构，作为常设性机构，上诉机构的主要目的是负责处理争端各方对专家组报告的上诉，但上诉也仅限于报告中的有关法律问题和专家组对法律的详细解释。上诉机构可以维持、修改或撤销专家组的法律调查结果和结论，而且上诉机构的报告一经DSB通过，争端各方就必须无条件接受。

四、监督机制

监督机制是为了确保相关的国际决议、协定和条约等内容的顺利实施，是全球经济治理的重要组成部分，几乎涉及全球治理的所有内容和领域。国际组织的监督机制大致可分为国别监督机制、区域监督机制和全球监督机制三种。国别监督机制又称为双边监督，是国际组织监督的主要方式，一般通过磋商的方式来实现（通常每年一次），磋商内容并不限于宏观经济政策，也涉及其他影响一个国家宏观经济的政策，包括劳动力市场、管理以及环境问题的政策。通过磋商，判定哪些政策有缺陷，指出其潜在的脆弱性，并提出相关政策建议。国别监督最典型的机制是WTO的贸易政策审议机制，贸易政策审议对象主要是WTO各成员的全部贸易政策和措施，审议范围从货物贸易到服务贸易和知识产权等领域。在实际中，贸易政策与措施完全符合多边贸易体制规则的国家或地区是不存在的。

从实践来看，贸易政策审议机制的作用主要在于两点。（1）提高贸易政策与体制的透明度。这样可以使WTO能随时了解各成员贸易政策措施的发展变化动态，从总体上加强对世界贸易整体环境和发展趋势的了解和把握，而且可以增进各成员对其他成员贸易政策与实践的动向了解,从而有助于减少贸易摩擦。(2)通过定期审议加强多边贸易体制的监督作用。对各成员贸易政策定期审议的制度,可以随时检查各成员贸易政策与措施是否与 WTO 有关协议一致,是否与它们承担的多边义务及其各自所作的承诺相符。

区域监督机制主要是针对区域性的国际组织相应的经济政策进行监督和磋商(张宇燕等,2017)。以 IMF 的区域监督机制为例,作为对国别监督的补充,IMF 考察根据地区安排执行的一些政策。它定期与"欧元区""西非经济与货币联盟""中非经济与货币联盟"及"东加勒比货币联盟"等地区性组织进行磋商,对其经济和金融政策实施监督(赵国君和黄梅波,2005)。

全球监督机制就是对全球层面的经济运行状况进行监督。主要由 IMF 执行董事会根据工作人员撰写的《世界经济展望》(每年两期)和《全球金融稳定报告》(每年两期)定期对全球经济发展进行评估以及定期对国际资本市场的发展、前景和政策问题进行讨论。

第三节　全球经济治理的重点领域

全球经济治理涉及的议题十分广泛,在全球经济治理要素部分,我们对主要治理对象进行了简要介绍,包括国际金融治理、国际贸易和投资治理、国际气候变化和可持续发展治理、国际能源治理、国际宏观经济政策协调治理等。习近平主席在 2016 年二十国集团工商峰会开幕式上的主旨演讲中提到,"当前形势下,全球经济治理特别要抓住以下重点:共同构建公正高效的全球金融治理格局,维护世界经济稳定大局;共同构建开放透明的全球贸易和投资治理格局,巩固多边贸易体制,释放全球经贸投资合作潜力;共同构建绿色低碳的全球能源治理格局,推动全球绿色发展合作;共同构建包容联动的全球发展治理格局,以落实联合国2030年可持续发展议程为目标,共同增进全人类福祉"。基于上述内容,本书将重点阐述全球金融治理、全球贸易和投资治理、全球能源治理、国际气候变化与可持续发展治理四个经济领域具体的治理议题。

一、全球金融治理

全球金融治理是指为了维护全球货币和金融秩序的稳定和公平,各个治理主体通过签署协定等方式构建规则和制度,对全球货币事务、国际货币金融体系、风险防范、全球金融安全等方面进行管理(张礼卿,2021)。在二十国领导人杭州峰会的开幕辞中,习近平主席指出,要"不断完善国际货币金融体系,优化国际金融机构治理结构""完善全球金融安全网"。尽管全球金融治理成效显著,特别是推动世界银行、IMF等国际机构治理结构改革,提升了新兴经济体的话语权,但全球金融治理仍存在重大缺陷。一是国际金融资源的配置效率较低。由于当前全球金融治理的制度性缺陷,金融体系存在着明显的资源错配。主要表现为发达经济体采取量化宽松政策和超低利率政策,向全球注入大量流动性,造成全球流动性泛滥和无序流动。二是发达经济体货币政策的负面外溢效应较强。表现为发达经济体处于国际货币体系的内围,新兴经济体处于国际货币体系的外围,当西方发达经济体基于国内经济进行货币政策和利率政策调整时,新兴经济体总是受到资本外流、汇率贬值、偿债负担上升等不确定性冲击。三是金融风险防范机制不健全。表现为缺乏对国际资本流动的有效管理、金融风险的识别、监管和预警机制不健全、金融危机的应对和救助机制不完善等(陈四清,2018)。如何完善全球金融治理框架,维护全球金融秩序稳定,推动全球经济可持续发展成为金融治理的重点议题。

二、全球贸易和投资治理

贸易和投资治理是全球经济治理的重点领域之一,反对贸易保护主义,促进经贸往来,推进贸易和投资自由化便利化,构建公平有效的多边贸易和投资体系一直是全球贸易和投资治理的主要目标。为了实现这一目标,全球贸易和投资治理集中关注和解决以下三个问题。其一,倡导贸易自由化,坚决抵制贸易保护主义。从 2008 年国际金融危机到 2020 年新冠肺炎疫情冲击,贸易保护主义、民粹主义势力抬头,特别是以美国为首的西方国家倒行逆施,设置较高的贸易壁垒,强制性与他国脱钩,严重破坏和阻碍了贸易自由化格局。其二,推动投资便利化,为全球多边投资定方向。简化和协调与国际贸易和投资有关的一切程序和障碍,为国际贸易和投资创造良好的外部环境,从而降低交易成本,加速商品和要素的跨境流动。其三,多边贸易和投资规则的制定。制定多边贸易和投资规则就是通过多边贸易投资谈判和对话,在货物贸易、服务贸易等贸易领域和投资领域制定一套合理的规则体系框架,用于规范各国的国际贸易投资活动,以尽可能地避免各种贸易和投资争端。

三、全球能源治理

全球能源治理日益成为全球治理领域的热点和焦点议题。现有全球能源治理机制由多个国际组织构成,主要包括石油输出国组织(简称OPEC)、国际能源署(简称 IEA)以及国际能源论坛(简称 IEF),其中,石油输出国组织代表石油供给国的利益;国际能源署代表石油消费国的利益;国际能源论坛是石油消费国和石油生成国共同参加的组织,但缺少强有力的法律约束。此外，世界贸易组织、二十国集团等国际组织也涉及能源治理问题，但作用和影响力有限。虽然现有全球能源治理机制层次多，管理范围广，但局限性也较为明显。一是治理成效总体不大。尚未形成类似联合国、国际贸易组织和国际货币基金组织的全球性治理机构，在能源治理的广度和深度上，没有完成从"局部"治理向"全球"治理的跨越。二是治理规则的约束力不强。传统治理手段有效性进一步弱化，关键是执行力明显不足，无论是 OPEC 限产保价，还是 IEA 释放产能，作用越来越小，生产国和消费国之间的合作仍有障碍。三是现有治理架构由美国和其他发达国家主导，没有包括也无法代表新兴国家和发展中国家。发达国家认为自身担负了维护全球市场安全义务中较大的部分，认为新兴国家没有负担起与快速增长的能源需求相适应的义务，尤其是在应对供应危机、气候变化和消除能源贫困领域。而新兴国家在能源开发、技术转移等方面缺乏平等的权利，相对而言，只能在政治动荡、偏远、高成本的地方进行能源开发，也在期待更大的话语权（范必，2016；吕淼，2020）。

四、国际气候变化与可持续发展治理

全球气候治理与全球经济治理密不可分，尤其是与经济相关的碳排放、低碳转型发展、气候治理的经济规则等问题结合在一起，构成了全球气候治理领域的重要议题（隋广军等，2020）。在人类命运共同体理念的基础上，中国在国内结合生态文明建设，设定"双碳"目标（2030年碳达峰和2060年碳中和），在国际上努力推动全球气候治理框架的形成，展示了中国在气候治理方面的大国担当和责任担当，为有效实行全球气候治理，实现可持续发展贡献了全面的中国方案。但即便如此，全球气候治理仍面临严峻的挑战。首先，自然环境持续恶化，表现为气候变暖带来的负面影响逐步显现,极端天气频繁出现、冰川融化、海平面上升、海洋升温等迹象愈演愈烈。其次,"逆全球化"潮流使全球气候治理步履维艰。巴黎会议之后,美国在全球气候治理领域上的政策反复转变,特别是 2016 年特朗普上台之后退出《巴黎协定》,使得气候治理面临严峻的治理赤字,削弱了国际气候合作的信心,对全球气候治理造成了阻碍。最后,对发展中国家而言,落实和实施《巴黎协定》的一系列目标与安排涉及能源利用和经济社会发展转型,这与发展中国家消除贫困、发展教育、就业和增加收入等目标存在冲突,加之全球范围的保护主义倾向,又使发展中国家在保持经济增长、实现社会进步与转变产业结构与发展方式等方面需要应对更为复杂与艰难的局面,使其完成《巴黎协定》的 NDC 目标(各国自主决定贡献)更加困难(周绍雪,2019)。

第四节 全球经济治理的模式变迁

全球经济治理在不同的发展阶段呈现出不同的特征,每一阶段各种力量此消彼长,由此形成了不同的全球经济治理模式。根据对已有文献的梳理,大多数学者认为二战以后的经济治理才算得上是真正的全球经济治理,二战以前的治理不能称得上是经济治理。因为二战以前的经济治理缺乏治理的规则体系,而是基于实力为基础的国际社会丛林法则的内在运行机理,世界各国之间弱肉强食,单边主义政策盛行,国际经济体系剧烈动荡。

归纳已有文献,我们把二战以后全球经济治理的这一特征按时间顺序分为三个阶段,每个阶段对应一种治理模式,且每种模式下全球经济治理均具有鲜明的时代内涵。

一、美国主导的"霸权治理"

第一阶段：美国主导的"霸权治理"时期（1944—1975 年）。该阶段以布雷顿森林体系的建立为标志，形成了以美国霸权主导国际经济机构和全球经济秩序的治理格局（白华等，2019）。二战结束后，美国领导二战战胜国设计、建立的以国际货币基金组织、世界银行、《关税及贸易总协定》（简称 GATT）为支柱的布雷顿森林体系等一批全球经济治理机制相继发展起来，标志着全球经济治理体系的轮廓架构基本形成（张宇燕等，2017）。这一架构里面，美国居于绝对的主导地位。布雷顿森林体系的主要任务是实现战后国际经济秩序重建。布雷顿森林体系终结了国际经济的混乱局面，结束了国际货币的自由放任，弥补了国际经济治理权威性及结构性的缺陷，保持了战后十余年间国际经济秩序的稳定性（程永林等，2016）。但随着全球经济新问题的出现，特别是全球经济失衡，1971 年美元与黄金脱钩。再加上 1973 年西方主要资本主义国家对美元实行浮动汇率制，美元的国际中心地位受到极大挑战。至此，以美元为中心的布雷顿森林体系宣告瓦解。

二、发达国家集中治理下的"俱乐部协调"

第二阶段：发达国家集中治理下的"俱乐部协调"时期（1975—2008 年）。该阶段以七国集团（G7）的成立为标志。七国集团包括法国、美国、意大利、日本、英国、德国和加拿大，成立七国集团的目的主要是由以下国内外经济环境所迫：一是 20 世纪 70 年代初期的美元危机，国际金融市场上大量抛售美元，美元国际地位削弱；二是 20 世纪 70 年代中期的石油危机，石油输出国组织由于战争原因提高油价，油价上涨对西方主要工业化国家的经济造成了严重的冲击，经济增长明显放缓；三是

1971 年布雷顿森林体系的瓦解，由于美国对外经济实力减弱，且长期处于国际收支逆差地位，导致大量黄金储备流失，美国无力保证美元与黄金的兑换比例，宣布美元汇率与黄金脱钩；四是 1973—1975 年的滞胀危机，西方资本主义国家高通胀、高失业与低增长并存。上述原因使得西方国家经济形势一度恶化，迫切需要拿出解决之策，以应对共同的经济和货币危机，重振西方经济。正是在这样的背景下，七国集团呼之欲出，这就是发达国家集中治理下的"俱乐部"式集体治理模式。该治理模式在应对美元危机、石油危机、滞胀危机等世界性经济难题时发挥了不可替代的作用。但是到了 20 世纪 90 年代后期，尤其是在 1997 年亚洲金融危机后，发达国家"俱乐部"式的治理模式所固有的弊端逐渐显露，比如，不能解决发展中国家与发达国家宏观政策的负外部性问题及面临的经济危机。这时，为了适应新的全球环境，新兴发展中国家开始走上全球经济治理舞台，一同与发达国家参与全球经济治理。

三、传统大国与新兴大国的"多元共治"

第三阶段：传统大国与新兴大国的"多元共治"时期（2008 年至今）。该阶段以二十国集团的发展为标志。这一阶段的全球经济治理具有典型的多元化治理特征：一是治理主体增加扩大，特别是新兴大国的加入；二是治理方式丰富多样，国家、区域、全球性组织机制竞先建立。除传统的三大支柱继续发挥作用外，为了适应后金融危机时代的全球经济治理需要，很多新型多边合作平台如二十国集团、全球气候峰会、能源峰会等全球性峰会不断发展。与此同时，金砖国家、RCEP 合作平台及"一带一路"倡议等不断崭露头角，区域经济合作也在不断拓展（白华等，2019）。徐秀军（2012）指出 2008 年国际金融危机的爆发使得西方传统势力削弱，现有国际体系和治理机制已无法适应全球化新形势，也无法破解全球化快速发展引发的新挑战和新问题。新时代全球经济治理需要探索新思路、新路径，二十国集团峰会开启了新时代全球经济治理的先河。在这一时期，新兴大国在经济危机后发展迅速，备受瞩目，不但参与全球经济治理，且在全球经济治理中的地位大幅度提升，开始以平等身份参与到国际体系的决策机制中，步入传统大国与新兴大国"多元共治"时代。

四、典型国家和国际组织的经验做法

（一）全球经济治理中的美国：霸权自由模式

霸权自由模式的治理是二战后美国全球经济治理最显著的特征，二战结束后，由于美国远离战争主战场，本土并没受到创伤，再加上大发战争横财，使得美国一跃成为独霸世界的超级大国。1945 年布雷顿森林体系的建立，更是确定了以美元为中心的国际货币体系，巩固了美国唯一超级大国的地位。美国之所以能够一直牢牢稳坐世界第一的位置，在全球经济治理中处于核心地位，原因在于以下四个方面。

第一，强大的军事。二战以后的美国凭借着自身强大的军事实力，一直扮演着"世界警察"的角色，并在全球范围内进行了大范围的驻军之旅，包括偶尔发动的局部战争为美国走向霸权秀了肌肉，奠定了美国的霸权地位，这种霸权地位使美国主导了全球的经济治理。

第二，先进的科技。科技强则国强，霸权地位的确立建立在先进的科技支撑之上，而先进的科技又建立在人才之上，美国的移民政策为其注入了强大的人才活力。从 1620 年第一批欧洲移民踏上美国这片土地至今，美利坚民族已成为由 100 多个民族组成的混合体，严格的移民政策造就了如今的精英美国，精英移民为美国注入了创新活力。爱因斯坦、施瓦辛格、安德鲁·卡内基、布热津斯基等一批来自全世界的精英是美国强大的支柱之一。

第三,经济手段。支撑美国强大经济实力的两个因素,除先进的科技以外,就是美元霸权。美国利用美元本位制,将全球经济美元化,其中最鲜明的特征是美元与黄金挂钩,其他货币与美元挂钩。美元霸权使美国能够进口远远超过其出口的商品,这为美国提供了一种独一无二的资本积累来源,这种资本积累是通过搭欧洲、亚洲和其他地区的"便车"而得到的,贸易逆差越大,这些美元只能买美国的国债,美国又利用这些钱来投资、发动战争。

第四,资源掠夺。对资源的掠夺是一切帝国主义的特性。美国作为资源帝国主义,特别是对石油等战略资源的控制不局限于交易的货币支付形式。石油是"工业的血液",美国既控制了买方市场又控制了卖方市场,既可以从经济上制裁石油输出国,还可以制约发展中国家。

然而,随着美国自身经济实力的下滑,美国的霸权地位遭到其他各国的冲击。美国学者的主流认识是,正在发生的趋势不是美国霸权的绝对衰退,而是其他国家的赶超。从国内视角来看,虽然美国存在许多严峻的问题,但都是局部问题;从国际视野来看,虽然以中国为代表的一系列新兴国家正在崛起和赶超,但这是战后美国主导建立的开放和基于规则的国际秩序的必然产物(赵华和杨夏鸣,2015)。为了稳住美国的霸权地位和在全球经济治理中处于核心地位,美国也需要改变现有的全球治理格局。拉赫曼(Rachman,2018)指出美国的全球治理变革有四种可能。"第一种,美国成功地推动了它想要的变革,当前的国际体系以一种修正的形式存续,美国仍是明确的全球领袖。第二种可能是出现一个新体系,世界其他国家在多边规则下运作,尽可能无视奉行单边主义的美国。第三种可能是,美国的退出导致基于规则的秩序崩溃——和普遍的混乱。第四种可能是,美国满足于基本上流于表面的变革,国际体系大体保持现状。"但是不管是哪一种治理模式,以美国现在的实力,未来还将继续在全球经济治理中处于核心地位,美国的霸权地位虽遭到挑战,却难以撼动。

(二) 全球经济治理中的欧盟:区域合作模式

二战结束以来,欧洲一体化取得了举世瞩目的成就,欧盟也一直作为区域治理的榜样而备受瞩目,并在全球经济治理中扮演着重要角色。经过几十年的努力,欧洲一体化建设在经济金融、内政司法和外交安全等方面都取得了不同程度的进展。当前,欧盟的经济总量和对外贸易量已经超过美国,成为世界上名副其实的最大经济体,且欧元也已经成为世界第二大国际货币。欧盟也是一体化程度最高,综合实力最强的国家联合体。纵观欧盟的全球经济治理成功经验,可将其归纳为以下三个方面。一是建立合理有效的跨国协调组织体系和法律体系,保证欧盟日常活动的正常进行和运转,为发挥其跨界协调功能打下坚实的法理基础,如欧盟委员会、欧盟理事会、欧盟法院、《巴黎条约》《布鲁塞尔条约》等。具体跨界结构类型、名称和主要职能见表 1-1 所示(陶希东,2021)。

表 1-1 欧盟跨界协调机构的主要类型和功能

机构类型	名 称	主要职能
决策机构	欧盟委员会、欧盟理事会、欧洲议会	制定整个欧洲联盟适用的政策和法律
司法机构	欧盟法院	欧洲法律纠纷的最后仲裁者
经济组织	欧洲审计院	检查联盟各项活动的经费使用情况
	欧洲中央银行	负责欧洲货币政策
	欧洲投资银行	负责欧洲投资项目的融资并通过欧洲投资基金帮助小型公司
其他组织	欧洲申诉专员署	调查公民投诉欧盟机构和组织行政管理失当
	欧洲数据保护监督署	保护公民个人数据的隐私权

二是依法建立跨界协调核心机制，为跨国治理提供制度保障。构建有效的跨界组织管理机构是推动跨界治理的前提和基础，影响一个区域跨界治理的成效。就欧盟跨国治理而言，之所以能够有效运行、治理得当，可归因于其建立的核心机制或规则。首先是利益共同决策机制，涉及各国利益的决策，需要各成员国超过55%的人员支持方可通过，保证利益决策机制的科学性和合理性。其次是矛盾冲突裁决机制，不同国家组成的团体不可避免地会遇到各种摩擦和冲突，完善的纠纷解决机制能够保证欧盟长期有效运行。为此，欧盟设置了跨界冲突仲裁机构——欧盟法院，由每个成员国派出一名法官组成。最后是社会参与机制，让非政府组织参与其中，充分表达社会意愿，满足人民愿望。

三是运用多元有效的跨界协调政策工具，这种跨界协调政策工具是提升跨国治理有效性的重要支撑（陈瑞莲，2006）。欧盟跨界协调政策的主要工具见表1-2。

表 1-2　欧盟跨界协调政策的主要工具

工具	欧盟区域发展基金	区域社会基金	欧盟农业指导和保证基金	渔业指导的财政工具	聚合基金
内容	基础设施、投资、研发	职业培训、就业补助金	农村地区发展、旅游投资	渔场发展、渔业现代化	环境和交通基础设施

面对新的国际环境，欧盟的全球治理思路正在发生转变，这种转变是基于现实的考虑。欧盟全球治理新思路虽然仍坚持"良政"的核心理念，但更注重价值观与现实利益之间的平衡。在坚持多边主义原则的同时，更注重多边主义的"有效性""功能性"和"互惠性"，同时加大对双边伙伴关系、意愿联盟以及非正式国际机制的构建力度，在地缘和议程选择上更聚焦周边和优势领域（金玲，2013）。

（三）全球经济治理中的日本：追随大国模式

二战后，日本既是战败国又是现存全球治理体系的受益者。特殊的地缘条件和主权受限的现实使日本将参与全球治理视为保障国家生存与安全、重塑大国地位、应对全球秩序转型的有效手段（王亚琪等，2017）。作为全球主要开放经济体之一的日本，对参与推动全球经济治理体系发展和改革始终充满着浓厚兴趣，希望以此凸显日本在全球经济治理体系中的重要地位（陈友骏，2019）。具体而言，日本参与全球经济治理体系的主要做法集中体现在三个方面。

第一，主动引领并积极推进区域性经济合作协定的谈判和实施。

其目的是做大日本参与全球经济治理体系改革的基本盘与支撑面。2018年10月2日，安倍指出，日本将以《跨太平洋伙伴关系协定》（简称TPP）和《日本—欧盟经济伙伴协定》（简称"日欧EPA"）为先导，推进构建新时期的全球规则。2018年12月，日本主导的CPTPP（前身为TPP）正式生效；2019年2月1日，日欧EPA也正式生效。除CPTPP和日欧EPA外，日本还是中日韩自由贸易协定（FTA）、RCEP等区域经济合作协定谈判的重要参与方。因此，可以预见，未来日本对外经济合作的趋势不可逆转，日本也不会缺席东亚乃至亚太区域经济一体化的发展进程（陈友骏，2019）。

第二，以全球环境气候治理为重点展现大国形象。

凭借充足的资金，日本在1992年联合国首届环境与发展大会上承诺，此后5年内向国际社会提供9 000亿至1万亿日元的环境援助，到1996年实际提供9 800亿日元，被联合国环发大会秘书长莫里斯·斯特朗誉为"世界环保超级大国"（张海滨，2009）。这为日本参与全球环境气候治理奠定了良好基础，日本"经济动物"的国际形象由此得以显著改善。1997年12月，《联合国气候变化框架公约》（UNFCCC）第三届缔约方大会在京都召开,会议通过了《京都议定书》,在人类历史上首次以法律形式设定了量化减排指标(王亚琪等,2017)。2001年美国和澳大利亚宣布退出《京都议定书》后,日本作为会议东道国,顶住国内产业界压力,罕见地坚持与美国的分歧,同欧盟合作,大力斡旋俄罗斯等国批准条约,在关键时刻展现出大国担当,确保了2005年议定书的正式生效。2016年11月8日,日本向联合国提交《巴黎协定》批准文书,设定到2030年较2013年减排26％的目标。由于批准30日后方能成为正式缔约方,日本仅以观察员身份参加了《巴黎协定》首次缔约方大会。

在《巴黎协定》生效之后,国际社会推动碳中和建设,日本的减碳政策在能源转型基础上推动绿色产业发展,进而实现碳中和目标。自2018年推出第五期《能源基本计划》以来,日本持续投入研发经费至新能源开发利用中。之后《革新环境技术创新战略》又提高了绿色技术的发展与应用,提出了39项重点绿色技术,包括可再生能源、氢能、核能、碳捕集利用和封存、储能、智能电网等绿色技术,计划投入30万亿日元以促进绿色技术的快速发展。2020年12月,日本颁布了《2050年碳中和绿色增长战略》,提出了推动日本实现碳中和的产业分布图,并要求通过财政扶持、税收、金融支持等方式引导企业创新,推动绿色产业发展。

第三,组建日美欧"铁三角"。

尽管日本在对外经济合作的伙伴选择上仍将中国放在较为重要的位置上,但在决定未来全球经济规则的改革方向,尤其是制定适应21世纪发展的贸易规则上,日本在伙伴选择上显然是倾向于西方的,其重点是美国和欧洲。事实上,截至2019年初,日美欧三方贸易代表已举行了五次颇有成效的政治会晤。为了促成这一机制的有效性,提升影响力，每次会晤之后，三方都会共同发表联合声明，以表明日美欧三方在"高标准、高质量"贸易规则制定领域的共同关切和一致立场。2019年1月9日，日美欧三方贸易部长再次齐聚华盛顿，举行第5次三方贸易部长会议。从会后发表的联合声明看，日美欧三方已就未来全球经济治理的主要方向及共同关心的议题等达成基本共识，三方的共同关注点聚焦于"非市场导向的政策实践"、产业补贴政策、WTO改革、促进数字贸易与数字经济发展、改善营商环境等方面。

作为对此次三边会议成果的积极呼应，2019年1月28日，安倍在国会发表施政演说，强调日本将与美国和欧洲一起，在补贴、数据流通、电子商务等重点领域，引领新时期公平规则的构建。由此可见，日美欧实际上在新自由贸易规则等议题上形成了以共同价值观为基础的同盟合作机制，并试图在未来全球贸易规则及经济治理规则制定中携手联动（陈友骏，2019）。

第二章　新格局下全球经济治理的
理论框架与战略举措

第一节　新格局下全球经济治理的理论框架

一、全球经济治理的相关理论

与全球经济治理密切相关的理论主要有三个：一是全球公共物品理论；二是国际机制理论；三是全球化与全球治理理论。

（一）全球公共物品理论

关于全球公共物品理论，有学者指出全球经济治理就是提供一种全球公共物品。国际经济问题的出现意味着全球经济市场活动中必然存在着"市场失灵"或者"集体行动困境"。全球经济治理是为了弥补这种"市场失灵"而出现，最终目的是为了达成集体行动，促进整体福利的改善。按照这种理解，也可以把全球经济治理看成是促成集体行动后，为全球提供了一种"全球公共产品"（裴长洪，2014）。接下来，本书按照一般公共物品的分析逻辑，梳理了全球公共物品的概念、分类、供给问题以及中国参与全球公共物品提供的相关研究。

1. 全球公共物品的概念

公共物品这个概念大家应该都很熟悉，特别是对于经管专业来说，是一个必须了解的概念。公共物品涉及的领域非常广泛，因此，无论是从公共管理、政治学，还是从经济学角度都可以对公共物品加以研究。关于公共物品的定义，最早由美国著名经济学家萨缪尔森（Paul A. Samuelson）在 1954 年提出，他指出一国之内的公共物品要满足三个特性：一是该物品必须具有外部性；二是该物品具有非他性；三是该物品也必须具有非竞争性，这三个特性不可偏废其一。萨缪尔森的这一概念是建立在一国之内公共物品的基础上，而长期以来，学者对公共物品的研究也仅仅局限于一个特定的国家和地区之内，超越国家边界的公共物品研究几乎不可见。直到 20 世纪 60 年代后期，随着经济全球化的发展，各国国家从广度和深度两个方面参与全球物品的生产，世界日益成为一个整体，密不可分。但随之而来的是，就像单个国家之内存在的公共物品问题，全球公共物品问题也逐渐凸显，被广大学者所关注。正是在这样的背景下，公共物品这一概念开始由国内领域扩展到国际领域，全球公共物品的概念就这样诞生了。

在全球公共物品定义这一研究上，不同的学者从不同的视角给出了不同的解释，其中，Kauletal 等（1999）的研究最具影响力，并被广泛引用。他使用了两个标准来识别全球公共物品：一是强公共性，以商品消费中的非竞争性和非排他性为标准，这一点与一国之内的公共物品相同；二是全球公共物品的收益具有准普遍性，它的收益扩展到一组国家之外并且不在任何人、任何代之间有所歧视，这一点是一国之内公共物品适用范围的延伸，即由国内扩展到国内。在 Kauletal 等（1999）给出全球公共物品定义的基础上，世界银行也对全球公共物品作如下定义:全球公共物品是指那些具有很强跨国界外部性的商品、资源、服务以及规章体制、政策体制,它们对发展和消除贫困非常重要,也只有通过发达国家与发展中国家的合作和集体行动才能充分供应此类物品(涂永红,2015)。

除此之外,Kaul 和 Mendoza(2003)则从"公共三角"(triangle of publicness)的视角给出了更广泛的全球公共物品的定义,他们认为全球公共物品必须在消费、利益区分和决策等方面表现出非排他性和非竞争性的公共性。本书对全球公共物品的定义遵循世界银行给出的定义。

2. 全球公共物品的分类

全球公共物品背后是一个庞杂的概念体系,也有很多理论做支撑,为了方便对其进行研究,不同学者尝试不同方法对其进行分类,不同分类方法往往反映了不同学科的研究目的(杨昊,2014)。关于全球公共物品的分类,代表性的学者有 Stiglitz(1995)、Kaul 等(1999)、Kanbur(1999)以及杨昊(2014)等。

Stiglitz(1995)的研究把全球公共物品分为五类,包括国际经济稳定、国际安全、全球环境、国际人道主义援助和知识五种全球公共物品。Kaul 等(1999)则将全球公共物品分成两类:一类是最终物品(outcomes);另一类是中间物品(intermediate)。最终物品可能是有形的(如健康的环境),也可能是无形的(如和平或者金融稳定性)。中间物品则是诸如国际组织、协议和政治制度这样的有助于最终物品供给的公共物品。Kanbur(1993)根据公共物品外溢范围的向度将其区分为国内的、区域的和全球的公共物品,并进一步指出,国内社会与国际社会之间的区分较大,国内公共物品主要依靠公共权威保障供给,而区域的和全球的公共物品则依赖主权国家之间的合作,后两者之间的区别主要指向外部性在地理范围上的差异。国内学者杨昊(2014)从外交决策视角将全球公共物品供给区分为主动供给、被动供给和无意识供给三类。其中，主动供给指行为体未受到外力作用的情况下承担国际义务和主动寻求合作，被动供给指国家在受到外部压力情况下做出的供给行为，无意识供给则指由于行为体的国内治理效应外溢造成的公共物品供给。

3. 全球公共物品的供给

关于全球公共物品的供给，会涉及两个问题：一是供给主体是谁，二是供给效果怎么样。对于第一个问题，学者们已达成共识，都认为全球公共物品由超级大国或者国际组织来提供，因为它们有这个能力提供这一公共物品。这里超级大国指的是以美国为首的西方国家。国际组织在公共物品提供中也发挥了重要作用，成为全球公共物品的供给主体，比如联合国、国际货币基金组织、世界银行、亚洲基础设施投资银行等国际和区域组织。

对于公共物品供给效果怎么样的问题，大部分学者持有的观点是全球公共物品的供给天然是不足的，而造成这一不足的原因是各个国家在提供物品的过程中存在着"搭便车"现象。杨昊（2014）指出在一个缺乏公共权威的、由数量众多国家组成的国际社会中，各个国家倾向于逃避责任尽可能成为搭便车者，全球公共物品的供给不足就会成为一项严重的挑战。裴长洪（2014）认为全球公共物品的供给与一国之内公共物品的供给一样，提供自然是不足的，其重要原因就是提供能力不足，但各个国家又希望通过"国际治理"来改善自身的福利，同样存在着"搭便车"现象。涂永红指出由于全球公共物品对其他国家的使用不具排他性，其他国家的公民也可享用本国生产、提供的产品或服务，如全球公共卫生、全球安全、跨国界制度以及跨国界的基本设施的协调等，存在"搭便车"现象，这使得全球公共物品的供给者在增加供给时思前顾后,比较审慎,供不应求成为常态(涂永红,2015)。此外,持有该观点的学者还有 Kaul 等(1999)、吕守军(2008)、蔡拓(2012)、张克中(2020)。

4. 中国参与全球公共物品的供给

上述供给问题表明,全球公共物品一般由超级大国或国际组织提供,但存在着严重的供给不足问题。我国实行改革开放后,开始利用两个市场和两种资源进行社会主义现代化建设,这使我国对全球经济治理及公共品有了真实需求,与此同时,中国作为第二大经济体,综合实力不断增强,也开始提供全球公共物品,需求与供给并存。在这一过程中,越来越多的学者开始探讨中国参与全球公共物品的供给问题,这是因为供给多少决定了国家在国际上的话语权,中国迫切需要更多的国际话语权。如裴长洪(2014)指出谁在国际市场中提供更多的公共物品谁就有更大的国家话语权,中国要发挥负责任大国的责任,必须增强全球公共物品的供给能力,而这除了增强国力之外,仍需进一步扩大开放,使中国的经济体制更适应参与制定全球规则的需要。此外,学者一致认为发起"一带一路"倡议(成立丝路基金),建设亚洲基础设施投资银行,设立实现碳达峰、碳中和目标,积极参与 G20 峰会,推动 RCEP 及与金砖国家合作,设立"南南合作援助基金"等都是中国参与全球公共物品供给的重要体现。

(二)国际机制理论

国际机制是构成全球经济治理的基本要素之一,罗伯特·吉尔平指出无论是经济学家还是政治学家都承认需要一些规则或者制度来管理和调节经济活动。即使最积极的公共选择学派经济学家也赞同需要用法律来强制实施合同和保护产权。过去,管理国际经济的规则比较简单,大多是基于霸权主义的单边行为,且不正式,比如英国的"炮舰外交",这个时候的规则是英国单方面说了算。而当今已经创立了正式的国际制度来管理复杂的国际经济，如果没有这些国际制度，世界经济运行可能困难重重。因此，了解世界经济的运作已成为经济学家和政治学家都在关注的事情。

1. 国际机制的定义及作用

国际机制被定义为一系列明确或不明确的原则、规范、规则和决策程序，根据这些原则和程序，行为者的期望在国际关系的某个范围内趋同。罗伯特·基欧汉(Robert Keohane)是机制理论发展方面最具有影响力的学者。在他的著作《霸权之后》中，罗伯特·基欧汉做了较为系统和权威的论述，他指出国际机制是世界经济的一个必要部分，能够促进世界经济的有效运作。各种机制所要履行的任务包括减少世界经济动荡，尽可能降低交易成本和防止市场失灵。进一步地，罗伯特·基欧汉认为以自我为中心的国家建立国际机制，就是为了增进个人利益和集体利益。即使可能是在处于支配地位的大国的压力下建立了某种机制，但随着时间的推移，有效的国际机制也会呈现出自己的活力(徐安德，2014)。因此，按照罗伯特·基欧汉的分析，国际机制是维持和稳定世界经济所必不可少的。

2. 国际机制的理论流派

关于国际机制的理论研究，主要围绕新现实主义、新自由主义和构建主义三个流派来展开。新现实主义的代表人物是斯蒂芬·克拉斯纳(Stephen Krasner)，其在1983年编著的《国际机制》一书中认为"国家之间不完全是零和博弈的游戏，只要相对优势能够维持，国家愿意进行有限的合作，国际机制就是为这种合作服务的"。新自由主义的代表人物罗伯特·考克斯(Robert Cox)认为，国际交往和国际机制有利于合作，有利于各国政治学习和国家利益发展。另外，新自由主义认为国际机制还可以促进全球治理，加强全球各国治理的程度。除此之外，作为国际的行为体,各国际机制包括利益共赢的因素,还含有共享观念。构建主义同意自由制度主义的国际机制理论中关于国际机制作为国际政治权力结构之外的因素对国际社会发展和国家政策、行为的确定独立发挥作用的基本观点。具体来说,自由制度主义的国际机制理论强调国际机制的功能分析,其中又着重考虑国际机制畅通信息交流、减少不确定性、降低交易成本、克服"市场失败"等功能(郭丽,2006)。

（三）全球化与全球治理理论

20世纪90年代以来,全球化浪潮在世界范围内不断推进,已成为当今最鲜明的时代特征。但全球化是一把双刃剑,在带来利益的同时也会带来全球性问题。江涛等(2017)把这种全球性问题分为五组:第一组是全球经济问题,主要涉及国际贸易、金融稳定、贫困与不平等、对外援助、债务危机、国际移民、粮食安全和知识产权等问题;第二组涉及人类发展问题,包括教育的普及、传染病、人道主义危机、饥饿与营养不良以及难民;第三组是环境与自然资源,包括气候变化、森林砍伐、安全水源的获取、生物多样性、土地退化、可持续能源等问题;第四组是世界和平与安全,包括武器扩散、武装冲突、恐怖主义、毒品走私、犯罪、裁军等问题;第五组涉及全球治理,包括国际法、多边条约、国际组织改革等问题。上述问题的解决,超出了单个民族国家力所能及的范围,迫切需要全球性问题的解决途径,而国家之间的合作便是最有效的途径。这里的合作主要是各个主权国家通过某种手段(协商成立国际组织或者依附于某个国际组织)实现对全球问题的治理,建立一个有效的全球治理体制。

1. 全球治理的概念与要义

到目前为止,学术界尚未对全球治理的定义达成共识。联合国全球治理委员会给出的定义是：各种各样的人、团体处理其共同事务的总和，它是一个持续的过程，通过这一过程，各种相互冲突和不同利益可望得到调和，并采取行动。国内学者俞可平（2002）认为所谓全球治理是指通过具有国际约束力的规则解决全球性冲突、生态、人权、移民、毒品、走私、传染病等问题。张宇燕和任琳（2015）从理论层面将全球治理定义为：由国家或经济体构成的多权力中心的国际社会，为处理全球问题而建立的具有自我实施性质的国际制度、规则或机制总和；或在没有世界政府情况下，各国际博弈者通过集体行动克服国际政治市场失灵的努力过程。全球治理有五个要素：全球治理的价值、全球治理的规则、全球治理的基本单元、全球治理的客体以及全球治理的结果。一些学者把这五个要素分解成五个问题：为什么治理？如何治理？谁治理？治理什么？治理得怎样？

随着全球治理研究的深入，学者对全球治理的研究逐渐形成了三种不同的理论范式：国家中心主义范式、全球主义范式和跨国主义范式。国家中心主义范式强调主权国家仍然是全球治理的核心主体，有效解决全球问题也仍然依赖于主权国家之间的合作。全球主义范式强调在全球层面建立价值共识的基础上，推动全球具有约束力的法律、条约、宪章等机制的建立，以此来推动全球治理的运行。跨国主义范式强调平等、自由、公正等，治理主体不仅包括主权国家还有一些非政府组织、公民社会以及各种市场力量。尽管上述三种理论范式对全球治理的解释有所区别，但总体而言，其核心要义是强调人类共同应对全球性问题，建立有效的全球治理体制。

2. 全球治理研究的重点领域

全球治理要比全球经济治理涉的领域多得多，全球经济治理只是全球治理在经济领域的具体体现。除了全球经济治理，全球治理还涉及全球气候治理、全球安全治理、全球环境治理、全球社会治理、全球卫生治理、全球军事治理、全球文化治理等领域,特别是气候治理,成为近年来全球治理讨论最多的议题。此外,随着新冠肺炎疫情的暴发与蔓延,这两年全球卫生治理成为治理领域的重中之重。

全球卫生治理的对象是危及人们生命健康安全、经济社会有序发展乃至国家安全的公共卫生问题,具有跨国界性、传染性和治理难度高等特性,属于非传统安全的议题领域,此次的新冠肺炎疫情治理便属于这个领域。2019 年底,新冠肺炎疫情暴发并在全球范围内迅速传播,已蔓延至 200 多个国家和地区,严重威胁着人类生命健康,并对世界经济造成了重创。这次疫情凸显了全球卫生治理体系存在的短板和漏洞,一是部分国家合作的政治意愿降低了世卫组织的领导力,特别是美国暂停向世卫组织提供资金并决定退出世卫组织,使得世卫组织面临严峻的治理赤字问题;二是全球卫生治理规则的效力明显不足,主要体现在部分国家出现违反《国际卫生条例(2005)》的情况。疫情期间,各国出于各种原因,未能就相关数据实现充分共享;三是资源不足限制世卫组织作用的发挥。类似的突发公共卫生事件绝不会是最后一次,加强和发挥联合国和世卫组织作用,加强全球公共卫生治理能力建设迫在眉睫(陈笑,2021)。

中国站在为人类谋健康、为世界谋发展的高度,积极参与国际抗疫合作,在取得全国抗疫斗争重大战略成果的基础上,尽己所能为国际社会提供援助,引领全球卫生治理体系改革的负责任大国担当进一步彰显。

3. 全球治理的理论流派

全球治理是一个直到 20 世纪 90 年代才开始兴起的新事物,是面对新形势下的全球性问题而出现的一种新方式。其本身既是一种理论，也是一种实践，更是一种价值期待（聂圣平，2020）。通过阅读全球治理理论相关文献后不难发现，比较有影响力的全球治理理论主要有三种：元治理理论、网络治理理论和变革治理理论。

元治理理论学派的代表人物是杰索普（Jessop）和索伦森（Sorensen）。他们倡导政府、私营部门和公民相互协调合作和共同解决社会问题。政府依靠等级治理，私营部门依靠市场治理，公民依靠关系网治理，三个参与主体既彼此独立，又相互依存。概而言之，元治理理论最大的特点就是试图协调政府、私营部门和公民三者之间的关系，让其协同合作参与公共决策，以期达到决策过程的最大民主化和决策结果的最大合理化。在全球治理上，他们希望各参与主体能够协同合作，共同解决全球性问题。

网络治理理论学派的代表人物有埃克斯特罗姆（Ekstrom）和扬（Young）。该理论一开始只是元治理理论中的一个子治理模式，后来独立出来并逐渐发展为一种新兴的理论学派。网络治理理论基于几个基本的假设，"网络结构是相对稳定的；网络中的参与者相互依存但又独立自主；参与者有共同的宗旨和目标；能够灵活和创造性地适应不断变化的环境"等。该学派认为，网络治理可以最大程度地简化治理的形式和减少治理的层级，使治理简单化和容易化，这些优点将有助于全球治理目标的实现。

变革治理理论学派的代表人物是弗兰茨基（Francki）。该理论侧重于从跨学科的视角研究全球治理问题。该学派认为，在分析系统各要素的变革动力时，需要同时考虑到人为的和非人为的影响因素以及二者之间的相互作用因素，既要分析社会、文化、体制和政治方面，也要关注经济、生态和技术方面。在变革动力的驱使下，各要素、各系统、各领域都会出现相应的变革，并以此寻求应对变革的治理方法，这就是变革治理。该理论最大的优点是适应了事物不断发展的动态性，在引入一些自然科学的研究方法后，使得治理变得定量化和科学化。

（四）国际政治经济学理论

1. 霸权稳定理论

作为对国际政治经济的经验现象进行科学探究的重要理论成果，霸权稳定理论在学术理路上深受经济学中集体行动理论的影响。这一理论的逻辑起点是公共物品（public goods）和集体行动的概念。

（1）霸权稳定理论的逻辑基础

公共物品也称集体物品（collective goods），可以定义为任何物品，如果一个集团 X_1，…，X_i，…，X_n 中的任何个人 X_i 能够消费它，它就不能不被那一集团中的其他人消费。严格来讲，公共物品应同时具有非排他性和非竞争性的特点。

集体行动逻辑是指，除非一个集团中人数很少，或者除非存在强制或其他某些特殊手段以使个人按照他们的共同利益行事，有理性的、寻求自身利益的个人不会采取行动来实现他们共同的或集团的利益。奥尔森发现以下三个因素与公共物品的供给数量密切相关：集团成员数目大小，集团成员规模的差异程度，选择性激励。

查尔斯·金德尔伯格（Charles Kindleberger）率先将奥尔森的逻辑应用到国际经济领域，以此解释国际经济中的稳定与动荡。私人物品就可以理解为国家的收益，公共物品就可以理解为保持世界经济。世界遭受公共物品不足之苦的主要原因并不在于贪婪的利益和支配或剥削，而在于"搭便车"的原则。霸权稳定理论提出了关于国际权力结构与国际经济机制相关性的两个重要命题。其一，霸权国的存在将会导致自由贸易这样的稳定国际机制的提供。其二，虽然霸权国从这一局势中受益，但小国将得到更多的收益。尽管小国没有承担成本，却能分享其收益。

（2）霸权稳定理论的慈善领导模型

金德尔伯格在1973年出版的《1929—1939年世界经济萧条》中探究了一个令诸多经济学家和历史学家感兴趣的重大问题：造成20世纪30年代世界"大萧条"的原因是什么？金德尔伯格认为，这次大萧条波及这么广、程度这么深、持续时间这么长，是由于英国没有能力，而美国没有意愿担当领导角色。在1981年发表的《国际经济中的支配和领导》中，金德尔伯格将国家分成三类来讨论"领导"对于公共物品供给的意义：第一类国家是小国，第二类是中等规模的国家，第三类是足以承担起领导责任的强国。

根据金德尔伯格的上述讨论，中小国家只会试图"搭便车"以谋求本国的利益，并期待其他国家为其提供公共物品。只有霸权国家才有能力通过自身的行为来提供这种公共物品。与"支配"所反映的大国"剥削"小国的情形相反，在对国际经济的"领导"中，霸权国实际上自愿选择了被小国"剥削"。正是在这一意义上，邓肯·斯奈德尔（Duncan Snidal）将金德尔伯格视野中的霸权国角色称为"慈善的领导"（benevolent leadership）。

（3）霸权稳定理论的强制领导模型

无论克拉斯纳还是吉尔平，都认为霸权国是否对提供公共物品感兴趣，主要取决于自身的成本收益计算。只有当提供公共物品的私人收益大于其成本时，霸权国才会愿意提供公共物品。进而，霸权国基于利益算计会通过"选择性激励"的方式，要求潜在的"搭便车"者分担其提供公共物品的成本。

（4）霸权稳定理论的价值和局限

霸权稳定理论的价值在于：霸权稳定理论将国家间权力分配作为

自变量,将国际经济行为特征作为因变量,从而建立了两者之间的变量关系;霸权稳定理论通过测定一系列指标,比如国民生产总值、人均收入、在世界贸易和世界投资中的比率等,使国家权力这一自变量具有可操作性;通过关税水平、贸易比率等指标来考察国际经济体系的开放程度,从而使国际经济行为这一因变量具有可操作性。

霸权稳定理论的局限在于:历史上只有英国和美国两个国家在霸权时期产生过自由主义国际经济秩序,案例太少,不足以支持该理论成为一种具有普适性的社会科学理论;斯奈德尔从公共物品的条件入手揭示了霸权稳定理论的适用范围;霸权稳定理论对"集体行动不可能"的论断过于独断。

2. 世界体系理论

（1）世界体系的类型和性质

世界体系理论以"世界体系"为基本的分析单位。之所以称为"世界体系",并非由于它囊括了整个世界,而是由于它大于任何从法律上定义的政治单位。沃勒斯坦（Immanuel Wallerstein）认为,迄今为止,只存在过两种世界体系:一种是世界帝国,一种是世界经济体。沃勒斯坦用"商品链"来确定这种经济联系的资本主义属性,进而提出,资本主义世界体系只能是"世界经济体"。根据沃勒斯坦的上述观点,单一的世界经济体与多个国家并存的国家体系实际上就是"现代世界体系"的一体两面。

（2）现代世界体系的形成与扩展

沃勒斯坦认为,作为"延长的 16 世纪",1450—1640 年是个更富有意义的时间段,正是在此时期,资本主义世界经济体形成于欧洲。西欧在封建经济萎缩后,进行了地理规模的扩张和经济结构的转化,由此成为世界经济体的中心地区。东欧和西属美洲卷入欧洲的世界经济体中，不仅为西欧提供了资本，而且解放了西欧的一些劳动力去从事其他非农业的专业化工作，从而使西欧的工作职业门类更趋复杂。除了生产链条的融入，向世界经济体的融入也意味着政治结构嵌入国际体系之中。

（3）现代世界体系的结构与周期

世界体系是一个社会体系，它具有范围、结构、成员集团、合理规范和凝聚力。世界体系的生命力由冲突的各种力量构成。这些冲突的力量由于压力的作用把世界体系结合在一起。

（4）世界体系理论的价值与局限

世界体系理论的价值在于：坚持了马克思主义将政治和经济相互结合的研究方法，并揭示了政治和经济的共同逻辑——资本积累所具有的社会分析价值。沃勒斯坦对现代世界体系的研究在很大程度上出于他的"责任感"。

世界体系理论的局限在于：过于强调经济基础的决定性作用，而忽视了政治上层建筑的独立性。斯考切波（Theda Skocpol）就专门针对沃勒斯坦的理论指出，作为一个跨国性军事竞争结构，国家体系最初并不是由资本主义创造出来的。

二、全球经济治理的框架构建

（一）全球经济治理的动态演变

1. 全球经济的萌芽：1400—1800 年

从 15 世纪到 19 世纪中期，世界经济形成的初期并不是一个美好的过程，这一时期冲突多于合作。欧洲扩张用疾病破坏了文明，奴役了数以百万计的美洲人和非洲人，对其他地区经济进行重新调整，这时的世界政治经济体系也在发生深刻变化，包括分工、生产、贸易、金融、环境和治理。

一是分工。随着贸易格局变化,各大洲的生产调整导致了新的劳动分工出现。欧洲人主要生产工业品,并在全球市场中进行贸易。非洲人作为奴隶的供给者被纳入劳动分工体系,美洲人要么灭绝,要么在劳动关系中处于从属地位,亚洲与欧洲贸易者进行平衡贸易。二是生产。生产主要集中于农业,并且主要是为了满足本地需求。美洲成为了欧洲原材料供应地,在非洲,奴隶买卖成为了一个大规模的经济活动,这使得这些社会变得动荡并使资源流入了其他社会。三是贸易。除了本地贸易外,国际贸易逐渐发展起来,国际贸易主要是为了获得国内无法生产的产品。这时的国际贸易充斥着战争和压迫,起初相对公平的贸易最终对当地经济产生了灾难性影响,特别是奴隶贸易。四是金融。远距离贸易导致了金融创新,金融创新反过来促进了远距离贸易,但这时的金融创新主要是为了满足欧洲扩张的需要。欧洲扩张的一个重要因素是为了探险、贸易和战争进行融资的金融工具的发展。五是环境。在这一时期,美洲的自然环境发生了巨大变化,从欧洲引入的农作物和动物使原有的人与自然的平衡产生了变化。新的人与自然关系展现了人类经济活动对大自然的不断征服。六是治理。国际治理体系的发展与国际经济的发展是分不开的,这一时期的国际治理几乎为有组织地使用暴力。欧洲凭借自己的强大统治力,在全球治理中居于核心地位。

2. 工业、帝国和战争:1800—1945 年

这一时期存在着大规模的资本、商品和人口的跨国流动,一些先进国家经历了技术革命,迅速强大起来,而另一些国家则奉行重商主义政策,经济发展落后,国家之间的综合实力差距逐渐扩大。国际活动的规则被正式化并形成了国际法律,但这些国际法律是一些国家为维持自

身利益所制定的不成文规定，自身拥有充分的解释权。一些国际组织使得国家之间、企业之间和居民之间紧密联系在一起，极大地促进了国际经济和贸易活动。

一是分工。工业革命促进了劳动分工的不断差异化，劳动力从原始农业劳动力向工业劳动力转变，使得国家间的劳动分工更加明确。英国及随后的美国和德国位于工业革命的前沿，生产工业品。其他地区沦为殖民地，成为工业化国家的原材料供应地。二是生产。工业生产使个人和社会的关系发生了根本性改变，工业资本主义成为主流的社会阶层。生产的发展受国家经营阶层控制，并被用于提升国家在国际上的竞争力和统治力。三是贸易。这一时期以自由贸易而闻名，但也有研究指出这时的贸易只是英国单方面的行为，因为很多国家没有采取自由贸易政策，贸易保护主义与自由贸易共存。在全球经济形成过程中与其同样重要的是自由贸易意识形态的形成。四是金融。金融在这一时期的国际经济建设中起到了十分重要的作用，最为明显的是国际资本流动增加且金融的地理范围也大为扩展，金融资产阶级和工业资产阶级开始结盟，使其继续保持强大的统治力。五是环境。工业化革命在带来好处的同时，也带来了生态环境的巨大破坏以及环境污染。六是治理。工业革命使西方国家经济和军事实力突飞猛进，其他地区国家仍被这些工业化国家所支配，处于弱势地位，全球经济治理仍是基于弱肉强食的丛林法则。

3. 全球经济的发展：1945—2010 年

这一时期，经济全球化迅速发展，国际组织数量众多，在全球经济中的作用日益突出，全球经济治理体系随全球经济发展而不断发展和完善，特别是以世界贸易组织、国际货币基金组织和世界银行等机构的建立为代表，全球经济治理体系所发挥的作用得到各个国家的认可。

一是分工。二战以后,国际劳动分工向更加全球化的劳动分工转变,过去被局限于某一个特定形式的活动现在却有着非常不同的形式。那些曾经可能主要存在于某一发展中国家的劳动分工现在可能在某些发达国家盛行。少数经济发达国家成为资本(技术)密集型产业国,广大发展中国家成为劳动密集型产业国,它们各自内部以及相互之间又形成更细致的分工。二是生产。生产在这一时期最显著的发展是跨国公司的增长,跨国公司占据了全球生产的绝大部分以及世界贸易的一半。三是贸易。1945 年以后的时期见证了贸易数量和类型的增加,贸易自由化在 GATT 的一系列贸易谈判回合下不断深入。1995 年WTO 的建立标志着贸易进入了一个新的发展阶段,国家开始开放服务贸易和农产品贸易并同意将争端交由 WTO 争端解决机制解决。区域贸易发展迅速,最显著的是欧盟、北美以及东南亚。不同于更早的时期,这一时期的贸易和投资是在一个精心设计的规则和正式国际组织之下开展的。四是金融。二战后布雷顿森林体系建立,美元成功取代英镑成为世界货币,建立了以外汇自由化、资本自由化和贸易自由化为主要内容的多边经济制度,并依靠制度建立了全球经济治理体系,各个国家依据规章制度进行贸易和投资。五是环境。环境破坏在 20 世纪后期成为了一个很大的问题,欧洲、北美、日本等工业化发展所带来的后果之一便是自然环境的污染。一些解决方法,如《京都议定书》,在发达国家和发展中国家之间激起了激烈的讨论。六是治理。这一时期与前一期不同,一个致力于协调各种国家间政策的正式国际组织的发展,诸如 IMF、世界银行和 WTO 等组织在贸易、金融和发展等领域对国家政策的形成产生了巨大的影响,尤其是在较弱小和贫困的国家。一些如北美自由贸易区和 WTO 的经济制度安排在许多国家变成了争论的话题。

（二）全球经济治理的框架

根据上述全球经济治理的动态演变，本书构建全球经济治理框架见图2-1。

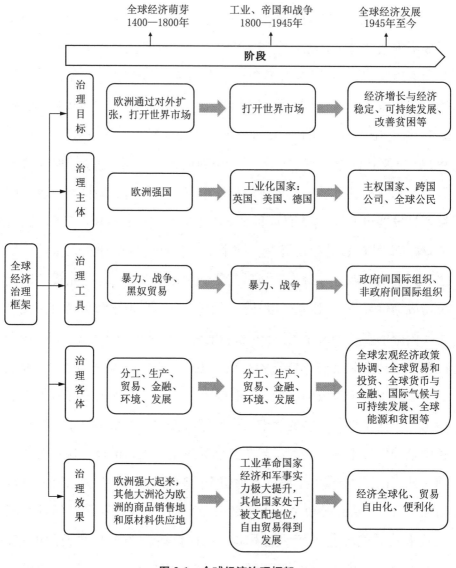

图2-1　全球经济治理框架

第二节　新格局下全球经济治理的实践创新

一、人类命运共同体理念引领全球经济治理实践创新

"人类命运共同体，顾名思义，就是每个民族、每个国家的前途命运都紧紧联系在一起，应该风雨同舟，荣辱与共，努力把我们生于斯、长于斯的这个星球建成一个和睦的大家庭，把世界各国人民对美好生活的向往变成现实。"①

党的十八大首次将人类命运共同体理念写入报告，并指出"在追求本国利益时兼顾他国合理关切，在谋求本国发展中促进各国共同发展"。党的十八大之后，习近平总书记在国内外多个场合提及人类命运共同体，其频率之多、规格之高、立意之深为世人瞩目。2015 年 9 月，习近平主席在第 70 届联合国大会一般性辩论中发表题为《携手构建合作共赢新伙伴　同心打造人类命运共同体》的讲话，从政治、经济、文化、安全和生态五个方面全面阐述了构建人类命运共同体的总体框架和实践路径。2017 年 1 月，习近平主席在联合国日内瓦总部发表题为《共同构建人类命运共同体》的主旨演讲，提出构建人类命运共同体的基本原则，即对话协商、共建共享、合作共赢、交流借鉴和绿色低碳。同时，该理念提出后被多次写入联合国文件，得到越来越多的国家和国际组织认可，成为中国参与全球经济治理的重要依据。

人类命运共同体理念蕴含着对当前全球经济治理缺陷的批判与重构。一是现有的治理体系由大国和西方理念所主导，是一种排他性治

---

① 《习近平谈治国理政》第三卷，外文出版社 2020 年版，第 433 页。

理。受西方二元对立思维的影响,西方的治理体系总是把事务对立起来看,认为冲突才是事务发展的本质(孙吉胜,2019)。因此,"大国争霸"与"弱肉强食"的丛林法则始终贯穿全球经济治理过程(裴长洪和刘斌,2021)。这种"零和博弈"的全球非对称性发展模式根深蒂固,已成为阻碍全球经济一体化最为重要的影响因素。二是现有的治理体系没有及时反映当今世界格局的变化。美国及西方国家虽然依旧是世界权力的中心,但发展中国家,特别是以中国为首的新兴市场国家蓬勃发展,影响力与日俱增,成为促进全球经济增长的中坚力量。基于旧有的全球经济治理体系并不能与新兴经济体的利益相匹配,导致许多国家和民众被全球化进程边缘化。因此,迫切需要改变原有的经济治理体制,以增进全世界人民的福祉。

习近平主席提出的人类命运共同体理念克服了这种"零和博弈"思想,具有共生和包容性,且把新兴市场国家和发展中国家及人民考虑在内,互利共赢,确保各国在国际经贸活动中机会平等、规则平等、权利平等,同各国人民一道构建人类命运共同体(裴长洪和洪斌,2021)。

二、共商共建共享是构建全球经济治理体系的基本原则

每当世界经济发展停滞不前,矛盾重重,面临艰难抉择的关键时刻,都特别需要一种凝聚国际共识的理念作为引领。这种理念能够为国际合作指明道路,能够考虑到不同国家的利益最大化,带动各个国家不断向前发展。共商共建共享的全球治理理念,为破解当今人类社会面临的共同难题提供了新原则新思路,为构建人类命运共同体注入了新动力新活力。

党的十九大报告指出:"中国秉持共商共建共享的全球治理观,倡导国际关系民主化,坚持国家不分大小、强弱、贫富一律平等,支持联合

国发挥积极作用,支持扩大发展中国家在国际事务中的代表性和发言权。"①共商共建共享原则,体现的是中国多年来的基本理念。为建设一个更加美好的世界,中国坚持共商共建共享的全球治理观,积极倡导合作共赢理念、正确义利观,旨在推动全球治理体系朝着更加公正合理的方向发展。

"共商"即各国共同协商、深化交流,加强各国之间的互信,共同协商解决国际政治纷争与经济矛盾。与一些西方国家推行的霸权主义和强权政治不同,"共商"理念倡导的是国际社会政治民主和经济民主,促进各国在国际合作中的权利平等、机会平等、规则平等。"共建"即各国共同参与、合作共建,分享发展机遇,扩大共同利益,从而形成互利共赢的利益共同体。经济全球化将世界市场融为一体,形成了你中有我、我中有你,一荣俱荣、一损俱损的利益格局。"共享"即各国平等发展、共同分享,让世界上每个国家及其人民都享有平等的发展机会,共同分享世界经济发展成果。世界的命运应该由各国人民共同掌握,国际规则应该由各国人民共同书写,全球事务应该由各国人民共同治理,发展成果应该由各国人民共同分享。

共商共建共享的理念在联合国大会第七十一届会议上正式被纳入联合国决议。这充分说明世界治理的中国之治日益深入人心,是中国实现与外部世界良性互动、构建公正合理国际制度环境的重要见证(郭翠翠,2020)。在国际秩序和全球经济治理中,中国始终坚持共商共建共享的全球治理观,提出"加强以联合国为核心的国际体系""完善经济全球化的治理架构""推动数字经济健康发展""提高应对全球性挑战的

---

① 习近平:《决胜全面建成小康社会　夺取新时代中国特色社会主义伟大胜利——在中国共产党第十九次全国代表大会上的报告》,中华人民共和国中央人民政府网,2017 年 10 月 27 日,https://www.gov.cn/zhuanti/2017-10/27/content_5234876.htm。

能力"。这是基于对历史发展趋势正确判断、维护绝大多数国家真诚愿望、结合自身实践经验，针对当前全球治理关键问题而贡献的中国智慧。

三、求同存异包容共生观开辟全球经济治理合作新途径

世界经济发展到如今，早已形成了"你中有我、我中有你"的辩证的发展态势。尤其是当今在经济全球化增速放缓以及贸易保护主义抬头的趋势下，只有通过开放的国际合作，维护参与全球经济治理中权利与义务的平衡才能够实现互利共赢。

首先，国际社会应当积极主动推动建立开放透明、兼容并蓄、公平正义和非歧视的多边贸易投资体制。当前，经济全球化的重要表现之一为制度型开放，但由于国际经贸规则和全球经济治理体系未能"与时俱进"，出现了与国际经贸格局调整的短期不适应，从而导致"逆全球化"思潮兴起和经济体之间贸易摩擦加剧。事实上，全球化与"逆全球化"均是世界经济发展历程中不可避免的现象，两者总是形影相随。不可否认的是，无论是全球化抑或"逆全球化"，背后推手始终是发达经济体，其实质均是为了维护本国利益，从而给发展中国家的经济利益造成一定损害。因此，亟须营造包容、和谐、公平的贸易环境，促进国际经济发展的互惠谈判，推进包容性与合作性的经济发展，使经济发展红利惠及各国，特别是使发展中国家相信国际合作能够为自身带来实际利益。

其次，应积极推进国际金融体系和金融体制改革完善，提高各国应对国际金融危机、维护金融稳定的能力，同时，要提升发展中经济体在国际金融机构的主动权和发言权，以国家之间的金融合作为契机促进国际金融机构的改革，为国际经济合作提供公平的国际金融环境，不断完善国际金融危机的救援机制和国际金融领域的地区协调与合作机

制。发达国家应切实履行全球经济治理的义务和责任,对发展中国家提供更多的援助,发展中国家也应当充分利用援助资源,改善国内政治经济环境,不断提高自身实力,使得全球发展红利惠及世界各国,形成繁荣共生的发展格局。

改革开放 40 多年来,尤其是加入 WTO 以来,中国抓住了以要素分工为主要特征和内容的经济全球化深度演进为发展中国家带来的历史性机遇,实现了开放型经济的快速发展,取得了令世界瞩目的巨大发展成就。随着贸易自由化深度演进以及以全球对外直接投资为主要表现的生产要素跨国流动性日益增强,国际分工发生了本质变化,即传统以最终产品为界限和主导形态的国际分工逐步发展为以产品生产环节和阶段为界限和主导形态的国际分工。换言之,随着贸易自由化和投资自由化的基本实现所引起的国际分工的质变,必然要求各国进一步在国内规则和制度上实现兼容和一致,从这一意义上说,制度型开放已经成为经济全球化发展新形势下的当务之急,也是跨国公司进一步统筹全球价值链、整合和利用全球生产要素的根本性制度保障需求。与此同时,中国开放型经济发展也进入了新阶段,亟待推动由商品和要素流动型开放向规则等制度型开放转变,逐步从国际经贸规则的接受者和遵守者转变为规则的制定者和参与者,为不断优化全球经济治理的体制机制作出世界大国的贡献。

第三章 新格局下全球经济与中国经济

第一节 大变局下全球经济形势与经济周期

本节通过深入分析当今全球经济形势与经济周期变化,探析对中国的经济影响,进而为中国更好应对国内外复杂多变的经济形势,实现高质量发展提出相应的对策建议。

一、全球经济形势趋势研判

（一）全球经济增速波动下降,经济衰退风险加大

世界经济发展不确定性提升,全球经济复苏缓慢。在疫情反复、地缘冲突、供应链危机等多重挑战下,经济合作与发展组织(简称OECD)于2023年6月发布的《经济展望报告》预测全球经济增速将从2022年的3.3％放缓到2023年的2.7％,同时预计OECD的总体通胀在2023年达到6.6％。国际货币基金组织(IMF)预计2023年全球经济将增长2.9％,较2022年10月份预测的2.7％有所改善,《世界经济展望报告》预测,2023年全球经济增长还会放缓,或由2022年

的 3.4％降至 2023 年的 2.8％。

全球经济增速预期进一步下调,经济衰退风险持续上升。联合国 2023 年 5 月发布《2023 年中期世界经济形势与展望》,显示在通货膨胀、利率上升和不确定性加剧的情况下,全球经济强劲复苏的前景仍然黯淡。将 2023 年全球经济增长预期由 1.9％小幅上调至 2.3％,将 2024 年增长预期从 2.7％下调至 2.5％。世界银行 2023 年 6 月发布最新《全球经济展望》报告预计,2023 年全球经济增长预期为 2.1％,较 1 月预测上调 0.4 个百分点,但仍低于 2022 年的 3.1％,全球陷入滞胀趋势,高通胀和低增长的风险正在上升。

（二）大宗商品价格高位回调,全球能源供应仍趋恶化

全球滞胀与经济下行并存,大宗商品价格呈现波动下降趋势。代表全球大宗商品价格的标普高盛商品指数（GSCI）在 2022 年 7 月至 2023 年 7 月期间下跌了 25％以上。国际有色金属价格和能源大宗商品价格,呈现不同程度下降。随着主要经济体相继收紧货币政策,全球大宗商品中钢铁、有色金属等还会出现价格大幅下跌,大宗商品市场将进入价格下降调整周期。

全球能源价格持续高企,能源供应可能进一步恶化。世界银行 2023 年 5 月发布的《大宗商品市场展望》预测,2023 年大宗商品价格总体将呈下行趋势,预计 2023 年大宗商品价格较去年将下降 21％,在 2024 年保持稳定。尽管能源价格呈下行趋势,全球的高通胀压力短期内可能仍难以有效缓解。报告显示,目前各类大宗商品价格仍远高于 2015 年至 2019 年间的平均水平,今年欧洲天然气价格将为 2015 年至 2019 年平均价格的近 3 倍。目前,欧洲天然气的储存库容量已不足 75％,是十多年来的同期最低水平,预计年内天然气价格仍将居高不下。2023 年冬季在拉尼娜现象的影响下,可能比往年冬季的气温更

低，届时燃油需求的增长进一步抬高原油价格。

（三）美欧通胀持续高企，全球经济滞胀风险上升

美国通胀持续创新高，美联储将加快紧缩进程。联合国《2022年中世界经济形势与展望》显示，美国的整体通胀率已达到40年来最高水平。截至2022年7月，美国居民消费价格指数（简称CPI）同比数据已连续5个月超过8%，美联储已经连续四次累计加息225个基点。8月，美国时薪同比高达5.2%，薪资通胀仍在继续。8月16日，美国总统拜登签署《2022年通胀削减法案》，名义上为遏制通胀，但削弱长期经济增长潜力。CME Group数据显示，截至2022年8月26日，市场预期全年至少加息13次和14次的概率分别为98.8%和85.3%。

俄乌冲突和欧洲对俄罗斯的制裁，加剧欧元区通胀压力。2022年8月，欧元区CPI同比上涨9.1%，能源价格上涨逾38%，创历史新高。供给和需求对欧元区通胀产生双向促进作用，供应链受阻和能源危机从供给侧引发物价上涨，财政支持政策则促进了由于需求增强引发的通胀，欧盟经济面临滞胀风险增加。原油与天然气价格的共同上涨带动全球其他能源价格上涨，进一步助推欧元区工业品通胀压力。

（四）美元指数强势上涨，货币政策分化叠加全球债务危机

全球通胀压力持续走高，主要央行开启"加息潮"。美联储加息美元指数强势上涨，持续引致各国收紧货币政策。全球通胀中枢将从低位逐步抬升，截至2022年8月，10个发达经济体中有9个将政策利率进行了上调，平均上调幅度为162个基点；22个新兴市场经济体中有17个经济体上调了政策利率，平均加息559个基点。

美元强周期下新兴经济体面临本币贬值风险，全球债务水平快速攀升。美元加息预期推动美元强周期，多数新兴市场货币都出现了大幅贬值，资本大量外流，本国货币迅速贬值，加重新兴经济体债务偿付

压力,提升主权债务违约风险。以土耳其为例,美元土耳其里拉汇率升至 18 里拉大幅贬值,增加了土耳其债务负担,引发资本外流。IMF 数据显示,新兴经济体政府负债率(政府债务占 GDP 比重)升至 67%,超过国际通行的 60% 警戒线。

(五)全球产业链和货币体系重构加快,国际经贸呈现区域化趋势

全球化叠加本地化和区域化趋势,贸易模式更加有利于发达经济体。全球产业链倾向于本土化和区域化,跨国公司将核心技术和关键设备转向本国或本地区。全球贸易模式将发生深刻转变,服务贸易和跨境数据流动比重提升,产业链更加依赖研发与创新,全球化将经历意义深远的结构性转变,使竞争环境向有利于发达经济体的方向倾斜。

供应链安全促使全球产业分工格局调整加快。地缘政治和大国竞争的不确定性增加,各国基于安全考虑加速重构产业链。无人化、智能化工厂等新型生产制造范式效率的快速发展有可能促进制造业向发达工业国家回溯。供应链安全将成为各国政府和企业考虑全球供应链布局的重要因素,全球经贸呈现显著区域化态势。

二、全球经济形势趋势对我国影响分析

(一)全球需求下行叠加地缘政治冲突,加剧国内预期转弱趋势

外部需求持续萎缩,预期转弱压力持续增强。全球经济下行压力增加,部分国家面临资本市场动荡、债务危机、粮食和能源危机的多重风险,外部需求进一步萎缩,后疫情时期的国内需求增长乏力,叠加后疫情时期全球主要经济体陆续进入加息紧缩周期,中国进出口增速将呈现下滑趋势。

需求端消费、进出口与房地产呈现叠加转弱趋势。2022 年上半年,全国社会消费品零售总额同比下降 0.7%,二季度社会消费品零售

总额同比下降 4.6%，房地产市场则持续承压，投资、开工与土地购置等相关指标增速继续走低。受房地产市场疲软的影响，家具类、建材类消费修复动力不足，将抑制社会消费品零售总额增速。

（二）大宗商品国际贸易风险持续攀升，国内输入型通胀压力加大

全球大宗商品价格波动上涨，推动国内价格持续上升。国内 CPI 面临能源生产价格指数（简称 PPI）向 CPI 传导，以及猪价企稳的提振，物价走势分化。2022 年 6 月国际原油均价继续走高，带动我国成品油价格在 5 月末和 6 月中两次上调，推动交通工具用燃料分项价格同比上涨 32.8%，进而推动非食品价格上涨。

大宗商品价格过快上涨，对我国形成一定的输入性通胀压力，掣肘货币政策与财政政策。国际能源价格大幅冲高的可能性较高，输入性通胀压力将持续存在。俄乌冲突持续将导致中国经济面临国际原油、天然气、小麦等价格大涨引发的输入性通胀影响。供给不足导致煤炭价格在政策调控前持续上涨，加剧今年国内的 PPI 上涨幅度。

（三）全球"加息潮"持续，加剧人民币汇率与金融市场波动

美元持续加息引致人民币持续贬值。根据 wind 数据，2022 年 3 月以来美元人民币汇率从 6.4 调整至 6.7，依据美元欧元下半年的加息空间，人民币汇率贬值幅度将超过 3.5%。同时，美联储加息带来中美国债收益率出现一定倒挂，也将持续给人民币汇率带来贬值压力。

全球"加息潮"周期，引发跨境资本流出和金融市场动荡。美联储超宽松的货币政策通过跨境资本流动，加息周期将导致跨境资本回流美国，人民币汇率贬值趋势加快，催生资产价格泡沫，使得金融市场走势与实体经济相背离，脆弱性加大。美元走强、本币贬值又使得其他国外资本出于规避汇兑损失风险的原因撤回资金，将继而引发金融冲击和经济波动，导致股市、债市、汇率全面承压。

（四）全球供应链瓶颈难以缓解，加剧产业链供应链不稳定性

全球产业链区域化趋势增强，加剧我国供应链中断危机。美国纽约全球供应链压力指数显示，2022年3月指数创新高，全球供应链瓶颈可能持续至2023年。美欧日等主要经济体纷纷建立供应链安全审查制度，推动制造业回流，在中美博弈、俄乌冲突等因素的催化下，全球产业链区域化特征将越加明显，加剧我国产业链供应链中断危机。

全球产业链供应链遭遇反复冲击，我国产业链供应链不稳定性持续上升。疫情叠加俄乌冲突等地缘政治冲突，供应链与外资瓶颈仍在加重，"芯片荒"可能持续加剧，高度依赖芯片的汽车、通信、电子设备等多个制造行业将受到持续冲击。部分外资企业出于产业链供应链和要素成本考量，可能加快将部分产能外迁到发展中经济体，提高我国利用外资的难度。

三、主要对策

（一）加大跨周期政策协调，防范外部风险对金融体系冲击

应对全球"加息潮"，应高度关注外部通胀风险对金融体系的冲击，密切跟踪美联储货币政策正常化进程，强化跨境资本流动的监测预警，防范外汇市场和人民币汇率出现过度波动。同时，宏观调控要更加注重结构性，通过创立定向支持工具、加强原材料市场调节等措施，加大对受国际大宗商品价格影响较大企业的纾困力度。

财政政策可考虑适度增加地方政府专项债额度，一定程度上扭转预期转弱趋势。同时，要持续为各市场主体降低税负，继续执行降低增值税税率、增值税留抵退税、个人所得税专项附加扣除等制度性减税政策。

（二）货币政策可稳中略宽，警惕潜在输入型通胀风险

货币政策可稳中略宽，适时下调货币政策基准利率。保持货币供应量和社会融资规模增速同名义经济增速基本匹配，注重对部分行业实行"宽信用"。通过降低债务利息负担、提高资产估值，从负债端和资产端改善市场主体资产负债表，改善企业现金流和提升需求。同时，要不断深化人民币汇率形成机制改革，推动调整后中间价形成方式。

强化市场预期管理，稳定监管政策预期。加强对粮食、大宗商品、猪肉等重点产品价格监测。加大市场研判，通过权威机构发布经济预测，引导和稳定市场预期。

（三）提升亚太区域经济合作地位，高质量构建国际经济治理体系

更加坚定不移地建设更高层次的开放型经济。一是尽快启动CPTPP实质性谈判，以海南自由贸易港等建设为抓手，加快制定新一版自由贸易试验区负面清单。二是继续推进共建"一带一路"，高质量构建国际经济治理体系，在现有体系框架的基础上，率先搭建"一带一路"多边合作平台。

着重提升中国在亚太经济合作中的地位。一方面，加强与东盟各国的经贸合作，重构亚太供应链和产业链，特别是加强在菲律宾、印尼、马来西亚等国的基础设施投资合作；加强与新加坡的金融与投资合作。另一方面，妥善处理好中欧关系，发挥好各种传统对话机制作用，如中德、中英、中法财经对话，促进双边经贸合作，共同开发第三方市场。

（四）优化外向型营商环境，多措并举保障产业链供应链稳定

加强对企业应对国际政治经济形势变化的政策指导。进一步发挥出口信保、出口信贷的支持作用，稳住重点客户、国际订单和产业链供应链，拉住稳住产业链关键环节留在国内。鼓励跨国企业合作，增强对全球优质要素资源的吸引力。全面清理对外资企业的歧视性政策，促

进市场公平竞争。

重视平衡新能源与传统能源之间的关系，确保能源安全和供应链稳定。丰富能源来源渠道，扩大能源国际合作。积极推动新能源技术发展，通过财政补贴、税收优惠等鼓励社会资本发展碳清洁技术，支持能源基础研究、应用基础研究和战略储备技术研发，加强与先进能源科技大国的技术合作。

第二节　全球经济形势下的中国经济

本节旨在分析全球经济通胀形势及其对中国的深刻影响，从而为实现中国稳增长目标提供政策参考。

一、当前全球经济通胀形势分析

（一）欧美通胀持续加剧，经济增长放缓趋势显著上升

美国通胀持续高位上升，经济衰退风险加剧。据美国劳工部 2023 年 7 月发布的高风险通胀报告显示，预计 6 月份美国整体通胀趋缓，但依旧居高不下。经济学家预计，美国 6 月 CPI 价格将上涨 0.3％，与 5 月涨幅持平。按年度计算，通胀率预计为 3.1％，低于 5 月份的 4％，也较 2022 年 6 月 9.1％的峰值有显著下降。但这仍远高于大流行前的平均水平和美联储 2％的目标速度，并预测通胀全面上升将对美国和全球经济构成"系统性风险"。在高通胀的环境下，美联储激进的货币紧缩立场令美国经济增长前景进一步恶化。美联储 2022 年以来在 15 个月内批准了 10 次连续加息，将基准联邦基金利率（FFR）从接近于零的水平提升至 2007 年以来的最高水平。虽然在 6 月份暂停了紧缩政策，但在之后几周，美联储官员认为仍有迹象表明通胀过高，将考虑进一步加息。

欧盟通胀加速，欧洲地区经济增速下滑。自 2022 年 7 月开启加息进程以来，欧洲央行已连续八次加息，共计加息 400 个基点，利率水平已经达到近 20 年来的最高点。欧盟统计局数据显示，2023 年 5 月欧元区整体通胀率为 6.1％，距离欧洲央行设定的 2％ 的目标尚有较大差距。欧元区 6 月核心调和 CPI 同比增长 5.4％，略低于市场预期 5.5％，但高于上个月的 5.3％，调和 CPI 同比增速放缓至 5.5％，前值为 6.1％，预期为 5.6％。核心通胀的升温可能会使总体通胀指标的改善黯然失色。欧洲央行表示，根据 2022 年 6 月宏观经济预测，预计 2023 年总体通胀率平均为 5.4％，2024 年和 2025 年分别为 3.0％ 和 2.2％；预计 2023 年经济增长 0.9％，2024 年增长 1.5％，2025 年增长 1.6％。

（二）全球能源供需缺口加大，能源价格持续上升

受俄乌冲突、库存短缺等影响，能源价格持续攀升。疫情持续扩大全球能源供需缺口，天然气、原油等能源库存持续处于历史低位。俄乌冲突的升级进一步加剧能源供需矛盾，美国、加拿大已宣布禁止从俄罗斯进口能源，欧盟正采取措施降低对俄罗斯能源依赖，这将转变全球能源供给格局，原油、天然气价格大幅攀升。高盛预测，2023 年布伦特原油的平均成本将达到每桶 105 美元。摩根大通预计国际油价将在 2023 年升至 150 美元。

美欧对俄制裁叠加 OPEC 成员国剩余产能有限，全球能源价格持续高位。2022 年 6 月 2 日欧盟在经过多轮谈判后，决定逐步停止成员国通过海运采购俄罗斯石油。美欧对俄制裁措施必然会在本就高昂的能源基础上，引发新一轮油价上涨，扰乱供应链，破坏能源市场的稳定，加剧全球能源价格的上升。

（三）全球粮食短缺加剧，粮食价格大幅上涨

俄乌冲突对全球粮食供给冲击明显，加剧了全球粮食短缺。俄罗

斯、乌克兰是全球重要粮食出口国,根据 UN Comtrade 数据,两国小麦和玉米合计出口量分别约占全球的 25％ 和 16％。俄乌冲突将持续冲击俄乌两国春耕等农业活动,对全球粮食供给产生长远影响。

全球粮食供需矛盾加剧,粮食价格将长期持续上涨。据联合国粮食及农业组织(FAO)2022 年 7 月数据,粮价指数(FFPI)尽管已持续下跌三个月,但仍接近 3 月创下的历史最高水平,比上年 6 月高出 23.1％,小麦、玉米和植物油价格均处于历史高位。考虑到拉尼娜气候引发巴西、美国等重要粮食产区的干旱、全球农业贸易保护主义抬头部分国家实行粮食出口限制等影响,粮食价格下半年将进一步上涨。

(四)全球供应链恢复缓慢,生产性综合成本提高加剧全球通胀

疫情持续叠加地缘政治冲突,导致生产企业停工停产,零部件供应延迟或中断,上游供应链运营、企业物流仓储完全中断或受到严重影响,全球供应链产业链恢复缓慢。

受全球物流等供应链冲击,企业生产成本显著上升。欧美国家对俄经济制裁破坏了能源供求关系和贸易格局,导致全球能源供需错配;禁飞、禁运等一系列裁制措施加大全球供应链的脆弱性,推高产业链成本价格;金融制裁或将导致金融脱钩,增加企业对外投资成本。2022年 7 月波罗的海干散货指数涨 0.4％报 2010 点,明显高于前两个季度均值,企业综合成本提高将加剧全球通胀压力。

二、当前全球经济通胀形势对我影响

(一)全球通胀加剧我国稳增长挑战与风险

全球通胀加剧了中国稳增长外部环境的不确定性。从短期价格影响看,中国将面临更大的输入性通胀压力,能源、粮食等大宗商品价格大幅上涨将带动生产成本和消费品价格上升,对中国产业链中下游行

业部门产生成本压力,价格上升压力进一步传导至消费领域,会抑制消费需求增长,不利于经济复苏。

(二)输入性通胀将导致我国 PPI 和 CPI 显著上升

全球通胀高企导致我国进口商品成本与价格上涨,引致 PPI 显著提升。据海关进出口数据(见表 3-1),我国进口商品结构以原料、机械及运输设备等中间品为主。2022 年非食用原料和矿物原料、机械及运输设备进口比重分别为 34.56% 和 34.69%。据国家统计局数据,2022年工业生产者出厂价格上涨 4.1%。工业生产者购进价格上涨 6.1%。

全球能源价格和粮食高价将导致我国 CPI 显著上升。据海关进出口数据,2021 年我国粮食、能源的进口依存度分别为 19.5% 和 19.1%。全球能源价格和粮食价格持续提高,将通过输入性通胀以"食品烟酒—粮食"和"交通和通信—交通工具用燃料",传递影响中国 CPI 涨幅。

表 3-1　我国进口商品结构(亿美元)

指标名称	2019 年	2020 年	2021 年	2022 年
初级产品	7 289	6 771	9 771	10 897
食品及活动物	807	982	1 228	1 311
饮料及烟类	77	62	76	71
非食用原料(燃料除外)	2 851	2 945	4 282	4 033
矿物燃料、润滑油及有关原料	3 461	2 675	4 038	5 353
动植物油、脂及蜡	94	106	146	129
工业制品	13 435	13 785	17 105	16 263
化学成品及有关产品	2 188	2 133	2 640	2 664
按原料分类的制成品	1 400	1 683	2 100	1 979
机械及运输设备	7 865	8 286	10 059	9 421
杂项制品	1 442	1 460	1 701	1 354
未分类的商品及交易品	540	223	604	844
进口总金额	20 784	20 660	26 868	27 160

数据来源:中国海关总署海关统计。

（三）全球通胀加剧国内企业生产成本上涨，稳市场主体压力加大

输入性通胀加剧企业生产性困难，显著降低企业利润。作为全球主要大宗商品进口国，大宗商品价格提升促进企业生产成本显著上涨，原材料加工行业面临的成本上涨压力最为直接。据国家统计局数据，2023 年 1—5 月，石油、煤炭及其他燃料加工业行业利润总额下降92.8％，原材料价格上涨导致气价倒挂，电热燃气生产与供应行业出现较大亏损。此外，虽然当前我国粮食供应、储备较为充足，但吉林、河南等粮食大省今年秋收产量受疫情冲击，国际粮价上涨叠加我国玉米、大豆等主要粮食品种进口，未来部分粮食供应和价格将受到国际市场影响。

全球通胀加剧中小微企业生存压力与复苏难度。通胀冲击叠加"订单下降"加剧中小微企业生产复苏难度，上游原材料价格上涨、人工成本上升、物流价格攀升导致企业的利润空间被挤压。小微企业本身抗风险能力较弱，当前更是面临原材料成本居高不下、疫情反复冲击、汇率波动加剧等多重压力。2023 年 6 月小型企业 PMI 仅为 46.4％，低于临界点。

（四）金融市场波动加大，对货币政策造成一定掣肘

欧美通胀率持续走高，中美货币政策分化将进一步加剧中国资本外流趋势。短期内，中美利差仍处于收窄甚至倒挂格局，短期跨境资本延续流出中国的趋势，人民币汇率贬值压力上升。2023 年 6 月末人民币对美元汇率中间价为 7.225 8 元/美元，比上年末贬值 7.4％。10 年期美国国债收益率持续走高，出现中美利差倒挂情况。

全球通胀不断加剧导致主要经济体加快收紧货币政策，美欧陡峭加息与缩表进程加快，通过金融风险的跨境传染影响我国资本市场。输入性通胀压力的加大进一步引发了市场对未来货币政策后续宽松空

间的担忧,我国金融市场出现预期不稳。预计2023年下半年,我国CPI涨幅将出现明显抬升,部分月份可能突破3%,未来货币政策平衡稳增长与稳物价的难度或有增大。

三、主要对策建议

(一)健全大宗商品监测预警机制,多措并举改善企业经营环境

重点关注大宗商品价格变化,加强能源安全、粮食安全建设。健全大宗商品监测预警机制,加强价格分析与研判。加快完善大宗商品期货交易市场,提高交易市场在风险管理、价格发现和配置资源等方面的作用。加强大宗商品期货现货市场联动监管,排查异常交易和恶意炒作行为,稳定市场预期。做好粮食、能源等重要初级产品的保供稳价工作,适当增加关键商品国家储备数量,加强应对市场波动风险的能力。加强耕地保护建设,提高农业科技水平,提高粮食生产能力。通过提高关税、出口配额管理等措施限制煤炭、钢材等出口,稳定国内原材料价格。

推动小微企业留抵退税加速落地,增强市场主体获得感。积极引导企业加强库存管理,推动产业链上下游企业签订原材料长期供给协议,减轻中下游企业的原材料成本压力。帮助企业加快数字化改造,实现企业内部挖潜力,提高生产经营效率。

(二)货币政策把握稳增长与稳物价平衡,加大发挥结构性工具作用

考虑疫情影响下我国经济稳增长压力增大,建议货币政策把握上半年操作窗口期,加大对实体经济的支持力度。总量和结构性工具相结合,重视发挥结构性工具的作用,可考虑增加支农支小再贷款额度。创新更多直达实体经济工具,引导金融机构加大对企业科技研发、技术

改造的支持力度。畅通利率传导渠道,完善银企对接机制,激发有效信贷需求,增强微观主体活力。

（三）加快推进人民币国际化,采用组合工具化解金融风险

统筹国内国际两盘大棋,保持适当资本管制,防止短期资本频繁大规模流动的影响,配合防范化解系统性金融风险和防范风险的跨境传染,为国内创造相对稳定的金融环境。

积极推进人民币国际化,争夺更多金融话语权,保障我国金融安全。积极推进以大宗商品贸易人民币计价结算,推动人民币在国际市场上更多大宗商品定价权。积极制定应对潜在危机爆发预案,关注金融危机的范围控制、危机应对预案的针对性和有效性,以及如何利用危机带来的压力进行改革。

第三节　全球经济治理变革与中国高质量发展

疫情的蔓延、美联储加息以及俄乌冲突的演进,加剧了中国稳增长的挑战。要高度关注市场主体的生存问题,改善预期、提振内需,避免外部冲击对我国经济造成严重损伤。本节着力分析受影响最严重的制造业、服务业、中小微企业面临的困境,并研判未来稳增长的风险因素,提出针对性政策措施。

一、重点行业与中小微企业面临的风险困境分析

（一）制造业面临产需双降风险,预期利润呈现加速下降态势

疫情冲击提升制造业成本,制造业利润面临持续下降的风险。2022 年一季度制造业实现利润总额 14 738.1 亿元,下降 2.1%。上游原材料加工和中游机械企业相关企业利润占比均继续下降。此外,盈

利压力主要来自成本端。一季度制造业营业成本延续上升，每百元营业收入中的成本为 84.66 元，较前两月累计值高 0.39 元。

制造业行业需求预期下行，产业需求持续下降。制造业企业预计交付受限，应收账款回款周期拉长，生产强度将有明显的下行倾向，甚至影响企业的接单意愿。

（二）中国汽车产业链稳定性受到冲击

在各种综合因素影响下，汽车主机厂的重要原材料价格持续高企，整车和零部件端成本持续承压。重点企业风波不断，极可能波及整个行业，牵动上下游产业链。2022 年二季度汽车行业形势异常严峻，相关产业链中小企业从业人员将面临巨大的生存压力。次生零部件断供影响将使产销环境不确定性增强，产业链回调难度较大。

（三）服务业面临营收锐减风险，就业形势面临严峻挑战

疫情反复导致服务业营收呈锐减态势。2022 年 3 月，商品零售额同比下降 2.1%，餐饮收入同比下降 16.4%，交通运输、仓储和邮政业生产指数同比下降 8.1%，影响服务业生产指数下降 0.8 个百分点。根据上市公司行业研究显示，2022 年第一季度社会服务行业实现营收 274.45 亿元，同比下降 4.24 个百分点。

同时，人们消费意愿下降，就业压力激增。根据人民银行 2022 年一季度的储户问卷调查结果，倾向于"更多消费"的居民比上季减少 1.0 个百分点，倾向于"更多储蓄"的居民比上季增加 2.9 个百分点，倾向于"更多投资"的居民比上季减少 1.9 个百分点，三者分别占 23.7%、54.7% 和 21.6%。服务业是我国国民经济的第一大产业，也是吸纳就业的主力军。2021 年，全国服务业新订单指数年均值为 49.0%，较 2020 年下降 0.6 个百分点，所造成的就业压力不容小觑。

（四）旅游经济基本面遭遇波折

2020 年法定节假日出游人数占全年出游人数比重为 34.5％，2021 年增长至 41.4％。从表 3-2 近三年数据来看，2021 年五一开始旅游业呈现复苏态势，但 2022 年旅游人数与旅游收入呈现出显著下降趋势。

表 3-2　节假日国内旅游人数及收入占 2019 年的比重

年　份	节假日	国内旅游人次	国内旅游收入
2020 年	清明	39％	19％
	五一	59％	40％
	端午	51％	31％
	中秋及国庆	79％	70％
2021 年	春节	75％	59％
	清明	95％	57％
	五一	103％	77％
	端午	99％	75％
	中秋	87％	79％
	国庆	70％	60％
2022 年	春节	74％	56％
	清明	68％	39％
	五一	67％	44％
	端午	86.8％	65.6％
	中秋	72.6％	60.6％
	国庆	60.7％	44.2％

数据来源：文旅部统计数据。

不过，2023 年以来国际旅游业和国内旅游业均呈现复苏态势。

（五）集成电路产业链遭遇中断冲击

上海目前拥有众多集成电路国际先进企业研发中心或者分公司，包括设计业的高通、博通、联发科，EDA 提供商 Cadence 和 Synopsys，装备巨头 AMAT、ASML、TEL、KT，晶圆代工台积电、联电。在多方因素冲击下，部分外资研发中心出现撤离的趋势与计划，加剧上海的集成电路行业的产业链危机。

相关集成电路产业面临供应链中断风险。集成电路设备高度垄断，成熟工艺和先进工艺供不应求。因瓦森纳协议，高端设备对华出口设限。集成电路生产过程可分为芯片设计、晶圆制造以及封装测试三大阶段。其中芯片设计领域技术门槛最高，中国企业在芯片设计领域与国际巨头差距明显。因此，疫情冲击叠加中美竞争趋势，中国高端半导体设备、芯片设计等存在极高的供应链风险。

（六）中小微企业生存压力与复苏难度增加

疫情冲击加剧中小微企业的业务风险与生产风险。根据广东省中小企业发展促进会与经济观察报对 2022 年一季度珠三角地区中小制造企业的经营状况调查，近 52% 企业认为本轮疫情对企业经营影响更严重，其中订单下降，原料不足，上游企业供应存在中断，人工成本负担过重，客户拖欠账款是最突出的四个表现。

"订单下降"加剧中小微企业生产复苏难度。很多企业表示终端消费需求减弱正逐渐往上游企业传导，这是订单减少的被动原因之一。此外，上游原材料价格上涨、人工成本上升、物流价格攀升导致企业的利润空间被挤压地所剩无几。而由于账期紧张，企业则不得不主动降低订单量。

（七）电商物流行业遭遇供应链压力

电商行业供应链运输成本与管理成本增加。物流是保证电商生态正常运转的关键通道，一旦流通受阻，必然引发一系列连锁效应——商家发不了货，消费者收不到货，投诉和差评越攒越多，影响销量的同时，货物囤积还可能进一步提升管理成本。同时，还可能出现退货与拒收的情况，如果是拒收，则意味着增加两次运输费用，还有一部分包装材料的费用。突发情况的影响和各种费用的叠加导致电商物流行业遭遇供应链压力。

二、当前及未来一段时期内可能影响稳增长的主要风险因素

（一）欧美对俄经济制裁，加剧稳增长通胀压力与供应链中断风险

欧美国家对俄经济制裁加剧了中国稳增长外部环境的不确定性。俄罗斯作为世界上石油、天然气、铜、铝、钯和其他重要大宗商品的主要出口国之一，对俄经济制裁将破坏能源供求关系和贸易格局，导致全球能源供需错配，进一步推高产业链成本价格，加剧全球通胀风险，中长期来说将导致全球价值链资源重置；金融制裁或将导致金融脱钩，加速去美元化进程，海外投资环境恶化，增加企业对外投资成本。

俄乌冲突引发大范围经济制裁和反制裁，对中国稳增长造成潜在冲击。从短期价格影响看，中国将会面临更大的输入性通胀压力，能源、粮食等大宗商品价格的大幅上涨将带动生产成本和消费品价格上升，对中国产业链中下游行业部门产生一定的成本压力，价格上升压力将会进一步传导至消费领域，抑制消费需求增长，不利于经济复苏。此外，由战争引发的物流中断、俄乌两国关键商品的出口禁运也将破坏中国的供应链稳定。根据英飞咨询的预测报告，对俄经济制裁将使中国宏观经济受损，2022 年中国福利水平较基准情景损失达 1 157 亿美元，下降 0.32%，输入性通胀压力将促使国内市场价格上涨 0.52%。

（二）美联储加息周期与中美利差倒挂，加剧中国跨境资本外流趋势

美国通胀率持续走高，中美货币政策分化将进一步加剧，加剧中国资本外流趋势。短期内，中美利差收窄甚至倒挂的格局还将持续，短期跨境资本流出中国的格局还将延续，人民币汇率贬值压力上升。人民

币汇率呈现由升转贬的趋势。2022年一季度,人民币兑美元汇率走势较为平稳,但4月份人民币兑美元汇率中间价出现大幅贬值,贬值幅度高达4.2%。2022年3月,美联储开启加息周期,中美货币政策分化加剧,10年期美国国债收益率持续走高,中美利差呈现快速收窄趋势,并于同年4月出现中美利差倒挂的情况。中美利差收窄将导致短期跨境资本大规模流出中国。

人民币汇率贬值速度过快,可能加剧通胀与资本市场风险。本次贬值幅度逼近2015年"8·11"汇改时的月度贬值幅度,人民币汇率急贬会引发外汇市场羊群行为。同时,人民币汇率贬值将会推高进口商品价格,尤其是引发大宗商品价格上涨,造成输入性通货膨胀,对稳增长形成挑战。美联储可能陡峭地加息与缩表进程加快,资产价格对加息的敏感程度较高,美联储加息可能引发美国和全球金融市场出现动荡,并通过金融风险的跨境传染影响我国资本市场。

(三)多部门金融结构风险叠加,稳增长面临金融安全挑战

当前我国的系统性金融风险主要分布在四个方面:非金融企业债务风险、居民部门债务风险、地方政府债务风险以及中小金融机构业务风险。

一方面,经济潜在增速持续下行,加剧非金融企业债务风险与中小金融机构业务风险。2019年以来我国经济增长率持续下行压力加剧,劳动年龄人口占比由升转降,储蓄率随之下降,这抬高了企业融资成本,并进一步增加了非金融企业债务风险。另一方面,在新旧动能转换的过程中,内外需不振导致的产能过剩会造成我国企业盈利能力的显著下降,而企业部门特别是中小企业的融资成本会显著上升。

另一方面,疫情持续多变,影响了我国企业,特别是中小企业的生产经营,降低非金融企业的盈利能力,导致企业利润的下滑,地方政府

的财政收入受到巨大的影响,加剧地方政府债务压力。

（四）外资行业供应链风险提升

新冠肺炎疫情蔓延导致零部件供应延迟或是中断,影响成品交付。其中,在华外资企业面临供应链下游企业表示成品交付环节受到影响,企业的原材料和上游产品运输受到影响。企业无法获得原材料和上游产品,导致上游供应链运营受到影响,企业物流仓储受到影响。

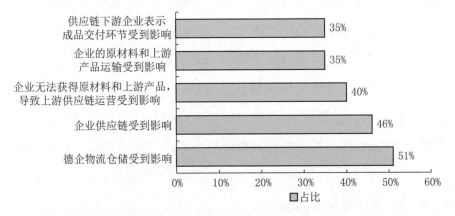

资料来源:中国欧盟商会。

图 3-1　疫情冲击下在华外资企业供应链的影响

（五）失业率增加消费力不足,加剧社会民生问题

新增重点就业群体面临严峻的就业压力。2022 年全年全国城镇调查失业率平均值为 5.6%,16—24 岁人口失业率达到 16.7%。由于失业率增加,就业率降低,居民收入受到严重影响,进而影响居民消费,特别是对服务消费产生负面影响。

个体工商户和中低收入群体面临返贫风险。小商小贩、小型餐饮、理发店、小型文娱机构、农村小型养殖场和小型项目承包企业等收入来源波动较大。大量的城市边缘群体、低收入阶层、高债务人群可能面临艰难的"破产境地"。

三、主要针对性政策

（一）适时实施调整相关财政货币政策与相关监管政策

在财政政策方面，尽快上调中央财政赤字占 GDP 比重，可由 2.8%提高至 3.0%—3.2%以支持"十四五"规划期间的重大投资。同时发行特别国债，加大针对受疫情严重冲击的中小企业和中低收入家庭财政补贴。此外，暂时性放松对政府平台公司的监管，尤其是对隐性负债的监管力度，以提高基建投资增速。

在货币政策方面，适时加大降准幅度，同时考虑降息，实质性降低企业融资成本，保持人民币贷款和社融增速在较高水平。同时应实施逆周期宏观审慎监管政策，适当放松对商业银行信贷的监管。此外，刺激提升信贷的需求，可考虑暂时放松对房地产开发商的监管措施，包括资产负债表三道红线与银行贷款集中度管理。避免出台新的具有紧缩性的政策，提升微观主体预期。

（二）加快推进人民币国际化，采用组合工具化解金融风险

一方面，统筹国内国际两盘大棋，保持适当资本管制，以防止短期资本频繁大规模流动带来不利影响。为配合防范化解系统性金融风险和防范风险的跨境传染，我国政府应保持适当的资本账户管制，为国内创造相对稳定的金融环境。

另一方面，要积极推进人民币国际化，争夺更多金融话语权。保障我国金融安全，应该主动争取金融国际话语权，力争打破美元霸权。重要抓手之一是积极推进人民币国际化，尤其是以大宗商品贸易人民币计价结算来推动人民币在国际市场上更多的大宗商品定价权。同时，积极制定预案以应对潜在危机的爆发。

此外，积极以透明、有序的方式实现大规模地方债务置换和债务重

组。加快推进完成新一轮地方政府债务的审计工作。其中,大规模地方债务置换需要由中央政府主导进行,而地方债务重组则要在商业银行与地方政府密切配合之下实施。对于因提供纯公共服务和产品而产生的债务,尤其是中西部偿债能力较弱地区的此类债务,中央政府可以通过发行特别国债的方式进行置换。

（三）实行减税降费和租金减免,突出对中小企业和重点行业帮扶

推出减税降费和租金减免等纾困政策,加大对中小微企业和个体工商户的帮扶力度。在减税降费方面,建议对生产、生活性服务业纳税人当期可抵扣进项税额按 10%—15% 的比例抵减应纳税额。对不裁员或少裁员的企业给予失业保险稳岗返还,中小微企业的比例可适当高于大型企业。建议研究提高科技型中小企业研发费用加计扣除比例,对 2022 年度内中小微企业新购置的部分设备、器具,按照一定比例自愿选择在企业所得税税前扣除。此外,建议对服务业小微企业、制造业小微企业和个体工商户承租国有房屋的,实行更大幅度的租金减免。

加大金融支持力度,帮助因疫情受困企业缓解现金流压力。引导金融机构加大贷款投放力度,加大对小微企业和个体工商户的金融支持,鼓励银行推出抗疫贷、复工贷等线上化、纯信用金融产品,开设因疫情受困企业的融资绿色通道。引导政策性银行通过提供优惠利率的应急贷款、专项流动资金贷款等方式支持疫情防控重点企业。

（四）开展消费补贴,加大纾困和就业兜底等保障力度

按照"政府补贴、金融联动、商家促销"的原则,统筹资金用于鼓励和扩大消费。支持各地出台"消费券"、专项补贴等政策鼓励居民消费,推动中央转移支付向地方"消费券"等刺激消费的政策倾斜,加大对困难人群、县域农村消费者等的定向支持力度。

　　加大纾困和就业兜底等保障力度，从收支两个维度发力稳就业、保民生。考虑对困难行业实施暂缓缴纳养老保险费，延续对个人失业保险保障的扩围，向困难中小微企业发放一次性留工培训补助。

第四章 中国参与全球经济治理改革基本路径与实践

第一节 全球经济治理的事实特征与现实困境

随着全球化的不断发展,全球性问题日益凸显,全球治理尤其是全球经济治理理论与实践引起了学术界和政策层的广泛关注与探讨,中国对此从批判怀疑到被动接受直至全面主动参与经历了漫长的过程,并在新时期和新发展阶段赋予了全球经济治理更为丰富和更具深度的目标和动力。

一、全球治理的历史脉络

基于多元协同、利益协调、制度规范的理念,全球治理起源于建立国际秩序、解决全球性问题的需要。关于全球治理的实践可追根于19世纪下半叶西方主权国家在国际救助、环境治理以及通信技术等领域的合作和交流(陈伟光和曾楚宏,2014)。第一次世界大战后期,美国总统威尔逊就国际情势提出了"十四点"和平计划以建立新的国际秩序,可以被看作全球治理思想的最早践行者。20 世纪中期，在实践基础上，关于全球治理的概念层出不穷，但并未有一致且成体系的结论，直至 20 世纪 90 年代初期，美国学者詹姆斯·罗西瑙（James N. Rosenan）提出，全球治理包括通过控制、追求目标及产生跨国影响的各层次人类活动——由家庭到国际组织的规则系统，甚至包括被卷入更加相互依赖、急剧增加的世界网络的规则系统。随后，联合国全球治理委员会在《天涯若比邻》的报告中系统阐述了全球治理的概念、价值，以及全球治理与全球安全、经济全球化、联合国改革和加强全世界法治的关系。大多数学者认为全球治理是全球化的必然要求，而全球治理又以管理和促进全球化为宗旨，共同应对全球变革、全球挑战以及全球问题和公共事务的协商、处理与解决，以保证和平有序的国际秩序。

早期的全球治理主要以发达国家为主导，更多地反映了发达国家的主张、见解和利益，其支持者主张弱化和出让主权，即改变有关国家尤其是发展中国家的国际政治经济制度，以适应全球性经济活动的需要（吴兴唐，2007）。虽然每个国家出于自身国家利益的考虑需要进行经济体体制改革以适应全球化的发展，但不能完全按照西方国家的模式进行演变，更不能出让国家主权。就中国而言，当时重返国际社会的时间并不长，对国际社会的很多领域以及规则并不熟悉，同时作为发展中国家的话语权有限。因此，出于学术上的争议和国际分工的现实考量，在 2008 年全球金融危机之前，我国对于全球治理问题的态度尚不明确，处于尝试和发展之中。

二、全球经济治理成为全球治理的必然

二战以后，特别是冷战结束以后，基于交通基础设施以及通信技术的快速发展，经济全球化和区域经济一体化程度不断深化，各经济体之

间的联系越加紧密,但随着历次重大经济危机的爆发,各主权国家开始意识到构筑有效应对全球系统性风险防护机制迫在眉睫,全球经济治理在学术界和政策层引起主要关注,并成为全球治理的主体和核心内容。二战后,国际货币体系与国际贸易体系得以重建,形成以美元为中心的布雷顿森林体系,并签订了以贸易自由化为宗旨的《关税及贸易总协定》,各国纷纷致力于战后经济恢复和改革,而布雷顿森林体系的建立成为全球经济治理的主要制度基础,也是全球经济合作和治理机制开始运行的重要标志,但合作范围仅限于发达国家之间,治理决策平台也仅限于七国集团等。冷战结束后,随着发展中国家和新兴经济体的发展和崛起,各主权国家参与全球经济治理的意愿、能力以及相应的责任明显增加,并且在其中的作用不断得到强化,为应对 2008 年全球金融危机,G20 峰会首次召开,标志着发达国家和发展中国家全球经济合作共治时代的到来。

同时,中国逐步开始接受和认同全球治理的合理性和必然性,从而加大了参与国际事务的力度;但对发达国家所持有的出让主权的观点有所保留,这也决定了中国关注和研究全球治理的特殊视角,即在国家层面和全球范围内推动全球治理,主要包括把全球治理内化为本土上的跨国合作、把全球治理锁定于全球问题的治理以及把全球治理植根于本国公民社会的培育和基层民主的建设。随着加入 WTO,作为亚洲最大的发展中国家,中国在经济上逐步融入世界市场体系,并凭借自身完整的工业体系以及经济的稳步发展,2010 年中国的 GDP 总量超过日本成为全球第二大经济体。尤其在经历 2008 年全球金融危机的重创之后,我国已经深刻意识到进一步深化改革开放的重要性,2010年中共十七届五中全会公报中明确提出了"积极参与全球经济治理",同年中央经济工作会议上也指出要"准确把握世界经济治理机制进入变革期的特点,努力增强我国参与能力",这充分体现了我国已经从被动接受到积极主动参与全球治理尤其是全球经济治理的转变。

三、全球经济治理的困境

全球经济治理开始于全球化的起步与全球性经济问题的产生,以全球治理机制为基础,通过正式的政府权威和非政府机构等途径对全球经济事务进行管理,其基本宗旨在于通过金融、贸易、产业等领域的国际协调机制,矫正全球经济总量和结构的失衡,维持和保护世界经济持续和健康增长,以实现共同发展这一普惠的价值理想。凭借全球经济治理的平台机制、国际组织机制以及峰会机制,经济全球化浪潮不断推进,全球贸易和投资自由化便利化不断深入,全球经济体之间的依赖性不断加强。而在全球经济治理中,主权国家已经成为推动全球经济治理不断完善的核心力量,应该继续深入推动开放、普惠、包容、共享的人类命运共同体建设,成为全球经济治理体系的深度参与者、主要建设者以及共同改善者。尤其在进入 21 世纪之后,以金砖国家为代表的发展中国家和新兴市场国家硬实力快速增长,在应对金融危机中充分发挥了稳定全球金融秩序、促进双边和多边贸易投资交流、复苏和改革经济的重要作用。

由于全球经济治理体系本身存在治理机制滞后、治理结构失衡以及全球公共产品提供不足等缺陷,加之不同国家的国情和实力不尽相同导致国家利益主导下的霸权困境、多层次治理模式下的规则困境以及多极化趋势下的公共选择困境等逐渐显现,当今随着"逆全球化"的兴起和经济体之间摩擦的加剧,该体系面临着更为严峻的挑战和考验。因此,国际社会对全球经济治理完善转型的呼声越加高涨,增强全球经济治理的有效性、公平性、包容性和可持续性已经成为各个经济体的共识。全球经济治理所存在的现实困境表明，其中所存在的固有缺陷和矛盾难以在短期内得到有效解决，一荣俱荣，一损俱损，亟须各经济体的共同参与和不懈努力，同时兼顾全球利益和国家利益来寻求实现全球经济治理的善治。在无世界政府状态下，国家身份平等，因此参与全球经济治理的每个经济体都应该正确审视自身的经济实力来准确判断自身所发挥的权力和承担的责任。

进入 21 世纪后，中国抓住发展战略机遇期，全面深化改革，无论是经济、军事硬实力，抑或是文化软实力均取得长足的发展，为参与全球经济治理提供了良好的必要条件和坚实的基础，在国际事务中具有较大的发言权，因此，中国理应在全球经济治理中准确定位，勇挑重担。落脚于现实，中国始终坚持平等、包容、开放的和平理念，以实际行动展现了负责任的大国风范。中国提出的"一带一路"倡议目前已涉及 170 多个国家和地区以及国际组织，这些国家的社会、文化背景和经济发展水平各不相同，但其中所内涵的和平发展、合作共赢的理念以及"五通三同"充分体现了中国在新时期对全球经济治理理论和实践的重大创新。在解决全球经济治理困境中，中国依然需要秉承一如既往的原则，塑造大国风范，树立大国形象，协调各方利益，保障国家利益和世界利益均衡发展，平衡权力和责任，与世界其他大国共同承担全球经济治理的主要责任。

第二节　推动全球经济治理改革的必要性与紧迫性

一、全球经济治理结构变迁的动力

习近平主席在 2016 年 G20 峰会开幕式演讲中指出，全球经济治理应该以平等为基础,更好反映世界经济格局新现实,增加新兴市场国家和发展中国家代表性和发言权,确保各国在国际经济合作中权利平等、机会平等、规则平等。近年来,新兴经济体的崛起令人瞩目,尤其是以金砖国家为代表的新兴经济体成为全球经济增长的主要动力以及全球金融危机后世界经济复苏的重要引擎。随着自身实力的增强,新兴经济体对不合理的全球经济治理体系逐渐产生了不平衡以及亟须打破这种格局的强烈诉求,以增强在国际事务中的话语权。

（一）新兴经济体崛起促使全球经济格局改变

第一,全球经济治理体系中新兴经济体话语权提升,霸权国家实力相对下降。自20世纪90年代以来,经济全球化和信息技术革命的深入发展推动了世界经济持续快速增长,但也导致了严重的经济危机譬如亚洲金融危机、全球金融危机、欧洲主权债务危机等,对国际经济秩序造成了强烈的冲击。随着国家之间经济实力的此消彼长和国际经济格局的变化,美国、日本、西欧等发达经济体的经济规模和经济地位相对下降,新兴经济体对发达经济体的赶超效应逐步实现,经济规模差异日趋缩小。以新兴11国(E11)①和七国集团为例,2020年新兴11国总体以美元现价衡量的GDP为27.53万亿美元,占七国集团总体GDP的71.72%;就经济增长而言,2010—2020年间,新兴11国GDP年均增长率为3.27%,而七国集团年均增长率仅为0.87%。同时,新兴经济体的对外贸易和对外投资总体上也呈现高速增长趋势,从货物进出口贸易来看,2009年金融危机之后新兴11国出口总额为3.15万亿美元,进口贸易总额为2.79万亿美元,分别占七国集团货物出口和进口贸易的72.97%和56.84%;2020年新兴11国出口贸易额达到5.182万亿

---

① 新兴11国指二十国集团中的阿根廷、巴西、中国、印度、印度尼西亚、韩国、墨西哥、俄罗斯、沙特阿拉伯、南非共和国和土耳其。

美元,进口贸易总额达到 4.57 万亿美元。分别占七国集团货物出口和进口的 99.07％和 73％;从外商直接投资净流入来看,2009 年新兴 11 国直接投资(FDI)流入为 3 539.55 亿美元,直至 2019 年已达到 4 548.03 亿美元,占七国集团外资流入的 77％。由此看来,新兴经济体经济长期保持快速增长,对外经济交流越加频繁,经济交往遍布全球,经济实力不断提升,而主要发达经济体仍然未能走出经济发展困境,经济实力相对被削弱,促使新兴经济体在国际事务中的话语权不断提升。2010 年世界银行发展委员会提出从发达经济体向新兴与发展中经济体转移投票权,在国际复兴开发银行中,金砖国家的投票权上升至 13.1％,而七国集团相应减少 3.6％。因此,在面临发达国家主导下的利益分配格局,新兴经济体已经具备一定的实力和动力转变全球经济治理体系以改变不公的利益分配。

第二,新兴经济体合作意愿越加强烈,不断形成合作机制。在经济全球化的推动下,各国开始在全球范围内寻求更优的资源配置,经济合作和依赖不断深化,并且合作意愿日趋强烈,合作机制越加多样化。但近年来,“逆全球化”思潮涌起,各种经济保护主义政策如贸易保护、汇率干预、资本流动管制等在全球范围内广泛蔓延,尤其 2016 年以来,“英国脱欧”公投事件以及坚持“美国优先”为核心的特朗普上台之后采取退出 TPP 等政策措施对全球经济造成了巨大冲击。在当今各国经济联系越加紧密的全球化时期,全球经济治理体系很难为个别国家或组织的言行和政策干预所左右,但在全球分工盛行的背景下,各经济体之间形成了“你中有我,我中有你”的局面,也产生了“一荣俱荣,一损俱损”的国际治理风险和利益分享机制。因此,在经济全球化纵深发展的时代,更多国家间实现更全面深入的“互联互通”是最基本的趋势,新兴经济体越来越重视彼此之间的团结合作和协调立场以减少对发达经济

体的依赖和控制，除世界贸易组织、世界银行、国际货币基金组织等主
要受美国和西欧大国主导的经济合作组织外，东南亚国家联盟
（ASEAN）、OECD、金砖国家（BRICS）以及 RCEP 等有新兴与发展中
经济体参与的合作组织如雨后春笋般建立，在全球经济治理中发挥着
不可忽视的作用，合作治理模式也逐步由发达国家之间的合作转向发
达国家和发展中经济体之间的合作。

　　虽然新兴经济体之间在发展模式、综合国力、对外战略等方面存在
很大程度的差异，但近年来，在国际经贸环境动荡不安、经济政策不确
定性加剧的背景下，新兴经济体内部合作机制建立速度加快，合作程度
不断加深，合作范围不断扩大。比如在全球金融危机中发挥着重要力
量的二十国集团在协调各国政策应对经济危机，促进经济复苏方面成
效极为显著；近年来，金砖国家合作已经形成以领导人会晤为引领，以
安全事务高级代表会议、外长会晤等部长级会议为支撑，在经贸、财政、
金融等数十个领域开展务实合作的多层次架构，有力推动了新兴大国
集团化进程，不断推动全球经济治理体系朝着公正、平等、包容和有效
管理等方向发展；备受关注的 RCEP 作为全球最大的自贸区，增强了货
物贸易、服务贸易、投资以及人员流动方面的市场开放，同时纳入知识
产权、电子商务、竞争、政府采购等现代化议题，在市场开放、知识产权
等领域较 WTO 标准均有所提高。由此可见，新兴经济体之间的对话
机制和合作平台不断建立并完善，在全球经济治理体系中的影响力日
益深刻并加大，成为全球经济治理结构转型的主要力量重要动因。

　　（二）治理观念分化成为全球经济治理变迁的直接诱因

　　第一，发达国家与发展中国家参与全球经济治理的理念发生分化，
全球经济治理面临共识危机。随着经济全球化进程的不断深入，资本
流动性加强，资本的逐利性促使各国尤其是发达国家在世界范围内寻

求价格更为低廉的要素进行生产,加之科技创新的冲击,导致国内失业状况日渐严重,全球化所带来的挑战与风险促使美国等发达国家掀起了以贸易保护为主要特征的"逆全球化"思潮。受这场风波冲击严重的发展中国家认为全球化进程不可逆转,以中国为代表的发展中大国不断承担起处理国际事务的重任,主张以人类命运共同体价值观指导全球经济治理。习近平主席在《共担时代责任,共促全球发展》一文中指出:"中国人民张开双臂欢迎各国人民搭乘中国发展的'快车'、'便车'。""一带一路"倡议以人类命运共同体先进理念为引领,以"共商、共建、共享"为基本原则,以经济走廊和自由贸易区建设为依托,以政策沟通、设施联通、贸易畅通、资金融通、民心相通为主要内容,其建设不仅有利于中国自身的发展,促使中国朝着更高质量的制度型开放转变,也能够在很大程度上惠及参与该建设的沿线经济体,深刻体现了中国在面对"逆全球化"复杂局面中更新全球治理、构建包容性合作机制的决心和措施。

第二,以中国为代表的发展中国家积极推行多边主义,促使各国在国际事务中的贡献与利益所得相匹配,而美国等国家则主张单边主义,频繁引发贸易摩擦等。随着全球经济的一体化,中国、印度以及东南亚国家纷纷参与到全球化分工当中,由于其丰富的劳动力资源优势,发达国家认为损害了本国制造业工人的收入增长,挤压了原本属于它们的利益,在这种情况下,发达国家便试图以贸易摩擦作为要挟对手的筹码,通过增加关税、关键技术"卡脖子"等贸易限制措施来阻碍新兴经济体的发展。但事实上,新兴经济体与发展中国家在国际分工中所得到的利益又重新流向了发达经济体,"中心—外围"世界经济体系并没有得到实质性改变,欧美等发达国家依然处于中心位置,国际利益格局两极分化依然严重,全球经济账户赤字与盈余长期并存,全球经济失衡现象并未得到缓解。因此,对全球产业分工和贸易金融体系进行重组迫在眉睫,新兴经济体和发展中国家参与国际事务和全球经济治理更具紧迫性。

二、全球经济治理的变革与发展

随着新兴经济体的发展与崛起和发达经济体地位的相对下降,全球经济权力多极化趋势日益明显。当今全球经济治理已经进入变革和调整时期,全球经济治理的结构体系和治理模式正在发生剧烈的转型和变迁,并朝着发达经济体和新兴经济体平等参与合作治理的方向演进(徐秀军,2012)。

(一) 全球经济治理的改革趋势

全球经济治理作为全球治理网络中最重要的部分,自世界经济形成尤其是二战结束以来极为受到人们的重视,特别是全球经济治理组织的产生和发展充分显现了全球经济治理体系的重要性以及随着时代发展进行改革的迫切性。但一个不可忽视的现象是,"中心—外围"格局并未彻底改变,换言之,世界经济在很长一段时期内都是由以美国为中心的发达经济体为主导的。随着各经济体之间经济实力的此消彼长,全球经济格局正在进行更深层的转型以及重构。道格拉斯·诺思(Douglass North, 1994)指出,"制度构造了人们在政治、社会或经济方面发生交换的激励结构,制度变迁决定了社会演进的方式,因此,它是理解历史变迁的关键",由此可见,全球经济治理格局的重构取决于制度的变迁。

自20世纪初以来,全球经济治理格局大致经历了霸权竞争型、霸权主导型以及霸权合作型治理模式,1945年之后,无论是国际货币体系(即布雷顿森林体系)的建立到以价值链为核心的全球产业分工布局,还是七国集团和八国集团等非正式的发达经济体之间的政策协调,都是由美国作为领导者或者组织者;同时,当时的国际经济秩序为美元与黄金挂钩,其他货币与美元挂钩,其目的主要在于通过稳定国际支付手段促进战后世界经济尤其是西方国家的经济复苏(雷达、初晓,2021)。20世纪70年代以后,随着日本和西欧等经济体的崛起,以美国为主导的发达经济体逐渐放弃固定汇率制度,资本得以在全球范围内广泛流动,从而促进了国际贸易和投资的迅猛发展,发展中国家也开始崛起,不断出现经济增长奇迹。遗憾的是,这段时期国际贸易和投资始终以"中心—外围"格局为基础,造成了全球发展的严重失衡。随着经济全球化进程的不断推进,全球经济治理积攒的矛盾和问题在2008年全球金融危机中一触即发,导致全球经济陷入严重衰退,充分反映了以美国为主导的现行经济秩序存在极大的弊端,同时,各经济体都采取了摆脱美国再平衡的尝试,并且逐渐意识到合作治理的重要性。

2008年全球金融危机之后,G20的升级以及金砖国家的成立等具有标志性的事件在全球经济治理中发挥了重要作用,这也表明制度设计改变了原有的全球经济治理机制,在这一过程中,最显而易见的是,发达经济体在全球经济治理中地位的相对下降以及新兴经济体话语权的不断提升。因此,为了应对制度的变化,全球经济治理格局必将朝着发达经济体和发展中经济体平等合作的方向发展。但不可忽视的是,当前世界经济面临着诸多不确定性,全球经济治理体系改革趋势同样如此。首先,以美国为首的发达经济体对WTO改革达成共识,并提出了要求不一的改革方案,对多边贸易体制形成了巨大挑战;其次,区域贸易协定的谈判加剧了国际贸易的碎片化风险(郝洁,2019)。2008年金融危机之后,美国先后推出了 TPP、《跨大西洋贸易与投资伙伴协议》(简称 TTIP),将原产地规则、环境、劳工、知识产权、市场开放等标准提高，并纳入了国有企业、电子商务等新议题，较 WTO 标准均有所提高，试图削弱 G20 作为全球经济治理机制的有效性和影响力。由此可见，在全球经济治理改革过程中，机遇与挑战并存。

（二）未来全球经济治理格局展望

第一，世界经济格局的演变对全球经济治理体系提出了更高的要求。"坚持多边主义，谋求共商共建共享，建立紧密伙伴关系，构建人类命运共同体，是新形势下全球经济治理的必然趋势。"①当前世界正经历百年未有之大变局，5G 通信、云计算、区块链、人工智能等数字技术的迅速发展掀起了新一轮科技革命，加之新冠肺炎疫情大流行对全球经济造成的巨大冲击，未来全球经济治理体系变革和格局的演变面临着层出不穷的不确定性。从当前来看，全球经济体系依然存在诸多问题，首先，全球经济治理体系未能充分反映国际经济力量的变化。自 2008 年金融危机以来，国际经济秩序的"中心—外围"格局和依存关系正在发生深刻的变化，新兴经济体和发展中经济体对全球经济增长的贡献已经达到 80%，但全球经济治理的话语权和投票权并未充分反映这一国际经济实力的对比；其次，全球经济治理机制滞后，碎片化现象严重。全球经济治理理念多元化，全球产业链布局不断调整，而贸易、投资和金融市场规则未能及时作出相应的调整，加之区域性合作以及双边经贸协定正在逐步取代以 WTO 为主的全球多边经贸体制，一定程度上割裂了世界经济的整体性；再次，世界经济运转不佳，导致全球经济治理面临巨大挑战。由于遭受金融危机的重创以及"逆全球化"思潮的涌起，全球经济恢复疲软，总体增长乏力，科技革命和信息技术的快速发展使得世界经济体系不确定性和脆弱性上升，同时经济体内部

---

① 习近平：《论坚持推动构建人类命运共同体》，中央文献出版社 2018 年版，第 499 页。

不平等问题和气候环境可持续问题依然面临较大威胁,也导致全球经济治理面临着前所未有的挑战。

第二,随着世界多极化、经济全球化、社会信息化、文化多样化深入发展,中国积极主动地参与全球治理并取得显著成效。具体而言,以平等为基础,即更好反映世界经济格局新现实,增加新兴市场国家和发展中国家代表性和发言权,确保各国在国际经济合作中权利平等、机会平等、规则平等;以开放为导向,就是要拒绝单边主义、保护主义等"逆全球化"思潮,在全球价值链盛行的当下,各国依托自身要素禀赋参与到世界经济分工体系中来并从中获取了相应的利得,即便存在一定的失衡现象,但总体而言促进了世界经济和各经济体的迅速发展;以合作为动力,即在全球产业分工的背景下,各国形成了"一荣俱荣、一损俱损"的共同体,同时自2008年以来,并没有出现能够或者希望取代美国之前经济霸权并主导全球经济治理体系的经济体,这表明任何单一的经济体都无法推动全球经济治理的变革和发展,因此只有合作才能实现共赢;以共享为目标,即全球经济治理的所有参与者都应当从中获取相应的利得,促使大国在国际事务中承担更大的责任,更多的发展中国家和新兴经济体获得在治理体系中的话语权,充分反映其利益和意愿。

第三,中国作为最大的发展中国家,有实力也有动力在国际事务中承担更大的责任,推动和完善更加合理公正平等的全球经济治理体系。首先,依托区域合作推动制度型开放实现对外开放新高地,通过国内循环吸引全球优质要素和资源来推动双循环以实现更深层次的对外开放。中国开放型经济发展也进入新阶段,亟待推动由商品和要素流动型开放向规则等制度型开放转变,逐步从国际经贸规则的接受者和遵守者转变为规则的制定者和参与者。目前我国已经加入多个区域合作组织,但并不占据主导地位,因此我国需要继续提升自身的竞争力,提高在区域合作中的话语权，通过区域合作，对标高水平开放，推进"一带一路"倡议落地，推动 RCEP 生效，积极参与 CPTPP，助力中欧全面投资协定，在全球经济治理体系中充分发挥区域合作的优势合理利得。其次，推动新兴经济领域规则的制定和完善。习近平主席在 2019 年 5 月国际人工智能与教育大会的致贺信中指出："人工智能是引领新一轮科技革命和产业变革的重要驱动力，正深刻改变着人们的生产、生活、学习方式，推动人类社会迎来人机协调、跨界融合、共创分享的智能时代。"面对新冠肺炎疫情对传统商业模式和国际交流的冲击，国际合作项目开始积极探索线上发展模式，用以应对人流物流的中断的挑战，依托数据和信息在网络世界的流动，有助于克服国家之间的文化差异、信息不对称与信任问题，缩小"数字鸿沟"，进一步推动全球经济治理的交流与合作。

第三节　大变局下全球经济治理的中国实践

一、中国参与全球经济治理

（一）改革开放前后的中国实践

中国参与全球经济治理的历程可分为两个阶段：一是新中国成立到改革开放之前的参与历程，这个阶段中国参与全球经济治理最显著的特征是游离于全球经济治理之外，或处在全球经济治理的边缘地带；二是改革开放至今的参与历程，该阶段中国参与全球经济治理最显著的特征是积极成为全球经济治理的重要参与者、推动者、引领者。

1. 1949—1978 年：游离于全球经济治理之外

新中国成立初期的近 30 年，全球经济治理格局呈现出美苏两极分化的特征,当时的美国和苏联同为世界上的"超级大国",为了争夺在世界上的霸权和控制资源,两国及其盟国展开了数十年的斗争,美苏两大阵营尖锐对立和冷战。在这种国际环境下,中国要想有一个很好的生存环境是非常艰难的。

这一阶段中国在经济上自给自足,延续了小农经济的特征,对外开放程度不高;且受制于严峻复杂的国际政治环境,对国际经济活动的参与很少,因此对外经济关系没有得到应有的发展,同世界经济的联系比较松散,尤其是跟西方发达国家的来往更是少之又少。而这个时期中国对经济全球化的认识也并不深入,全球化实际上处于断裂状态,或者说存在着两个"准全球化"进程。此时的中国几乎没有参与全球经济治理,在全球经济治理中的作用微乎其微。

2. 1978 年至今:从游离于全球经济治理之外到成为全球经济治理的重要推手

改革开放后,中国开启了参与国际多边组织和全球多边机制的进程。四十多年来,中国对国际组织和全球经济治理的参与经历了不同的阶段,在每个阶段都有不同的地位特征和角色特征(裴长洪、彭磊,2021)。

(1) 1978—2001 年:积极融入全球经济治理规则体系。

这一阶段中国融入全球经济治理体系的主要目标是改革高度集中和僵化的对外贸易管理体制,让外贸体制能够适应发展进出口贸易,尤其是吸引外资和中国的出口贸易。该阶段在开放型经济治理方面的标志性事件有两个:一是制定"外资三法",初步建立中国利用外资的相关法律体系,如《中外合资经营企业法》《外资企业法》《中外合作经营企业法》;二是制定了第一部对外贸易法,对外贸易治理制度初步建立。1994 年 5 月 12 日第八届全国人民代表大会常务委员会第七次会议通过了《对外贸易法》,加速了中国对外贸易法制化的进程。与此同时,其他法律也相应建立,比如《反倾销和反补贴条例》《出口商品管理暂行办法》等。

(2) 2002—2013 年:从模仿到成熟运用国际规则。

这一阶段在制度建设和治理体系上,全面实行与世贸组织规则接轨。第一,全面履行开放承诺。一是大幅降低进口关税;二是广泛开放服务市场。第二,完善基于世贸规则的经贸法律法规。2004 年4 月,修订《对外贸易法》,对履行与世贸规则有关的条款进行修改,对区域贸易协定、出口管制、贸易救济等开放新情况、新问题作出规定。第三,学习利用 WTO 争端解决机制解决贸易争端,维护自身的利益。

(3) 2013 年至今:探索中国特色开放型经济治理体系。

与前两个阶段相比,该阶段的条件、环境和目标都发生了较大变化。首先,2010 年中国一跃成为世界第二大经济体,货物贸易居世界第一位,吸引外资和对外投资也位居世界前列,这是中国空前开放的时代,也是中国影响世界空前的时代。其次,在国际环境方面,经过 2008年国际金融危机的冲击,世界经济萎靡不振,全球仍然处于深度调整期和动荡期。随着科学技术的进步,全球新一轮产业国际分工尚未形成,世界贸易和投资仍面临较多的不确定性,增速处于下滑通道,世界贸易组织成立后的多哈回合谈判长期无果。而随着中国经济的强劲复苏,美国开始把中国视为竞争对手,孤立和打压中国,以达到阻碍中国经济发展的目的。

在此背景下,中国始终秉持着独立自主的开放战略,积极同其他国家开展友好合作,并进行了新一轮的治理规则和制度建设,主要包括四点。第一,制定了扩大开放投资市场的新法规、新法律。如 2020 年 6

月,《外商投资准入特别管理措施(负面清单)(2020 年版)》和《自由贸易试验区外商投资准入特别管理措施(负面清单)(2020 年版)》发布,进一步压缩了准入限制。第二,设立自由贸易试验区和自由贸易港。截至 2022 年底,中国共在 21 个省(区、市)设立了 21 个自由贸易试验区、1 个自贸港。第三,在扩大多双边、区域次区域合作中获得更深入的制度性开放共识,零关税覆盖的产品超过 90%,RCEP 签署生效。第四,积极为全球提供公共物品。一是高质量共建"一带一路"。"一带一路"是中国积极参与和引领全球发展治理的重要实践,为世界经济增长开辟了新空间。二是推动建立亚投行,通过在基础设施及其他生产性领域的投资,促进亚洲经济可持续发展、创造财富并改善基础设施互联互通;与其他多边和双边开发机构紧密合作,推进区域合作和伙伴关系,应对发展挑战。三是举办中国国际进口博览会,为世界各国提供进入中国市场的机会。

同时,中国还成功多次举办多边经济峰会,深入参与全球经济治理,国际话语权大幅提升。在中国政府的不懈努力下,2016 年 G20 杭州峰会制定了全球首个多边投资规则框架《二十国集团全球投资指导原则》,成为全球投资治理的重要文件。在中方倡议下,G20 杭州峰会首次设置创新议题,开创性地制定了《创新增长蓝图》,为挖掘世界经济增长潜力、开辟世界经济新一轮增长格局奠定了坚实基础。在 2015 年 9 月联合国发展峰会上,中国提出以公平、开放、全面、创新为核心要素的发展理念和加强国际发展合作的政策主张,并宣布了一系列支持国际发展合作的务实举措,彰显了中国在全球发展合作中的负责任、建设性大国形象。

站在新的起点上,在实现自身经济发展的同时,中国将继续通过与世界各国开展务实经济合作的形式,和世界分享本国发展红利,并且积极推动全球经济发展，为重大国际事务发出中国倡议，提出中国方案，贡献中国智慧。

（二）WTO 成为中国参与全球经济治理的重要平台

1. WTO 建立多边贸易体制

世界贸易组织（World Trade Organization，简称 WTO），是一个独立于联合国的永久性国际组织，总部位于瑞士日内瓦。1995 年 1 月 1 日，WTO 正式开始运作，其宗旨是实现充分就业、提高生活水平、扩大商品和服务的生产与交易、促进贸易自由化和便利化、维护发展中国家利益、破除成员之间各种关税与非关税贸易障碍，并消除成员之间的歧视待遇，建立一体化、更具活力、持久的多边贸易体制。

截至 2020 年底，世界贸易组织共有 164 个成员，囊括了不同经济发展程度、不同社会制度、不同宗教信仰、不同文化习俗的各类成员。世界贸易组织通过制定多边贸易运行规则、协调多边贸易谈判，构建了一个重要的全球经济治理平台，为中国参与全球经济治理提供了舞台。

2. WTO——中国参与全球经济治理重要契机

WTO 成为中国参与全球经济治理重要契机。世界贸易组织发布的《2021 年世界贸易统计评论》显示，2020 年，中国出口贸易占世界总出口贸易的 15.2%，居世界第一；中国进口贸易占世界总进口贸易的 11.8%，居世界第二，仅次于美国。相比初入世的 2003 年，中国出口贸易和进口贸易占世界总额的比例呈现大幅增长态势，分别增加了 9.2% 和 6.4%。中国的巨大市场为世界经济的发展贡献了重要力量。

中国入世以来，持续积极参与 WTO 改革，推进贸易创新发展，维护全球自由贸易体系，促进国际经济秩序朝着平等公正、合作共赢的方向发展，积极参与改善全球经济治理体系，共同应对全球性挑战，成为世界贸易开放、平等、互惠、一体、稳定、持久的重要力量。

（三）二十国集团彰显中国参与全球经济治理关键角色

1. G20 推动全球治理改革

由于 20 世纪 90 年代末的亚洲金融危机，1999 年 9 月，七国集团（简称 G7，包括加拿大、法国、德国、意大利、日本、英国、美国）的财政部长和央行行长倡议成立二十国集团（简称 G20）部长级会议。G20 部长级会议是为了在布雷顿森林体系的框架内提供一个新的非正式对话机制，就国际金融货币政策、国际金融体系改革、世界经济稳定与可持续增长等问题交换看法。除了 G7 国家，G20 还包括阿根廷、澳大利亚、巴西、中国、印度、印度尼西亚、韩国、墨西哥、俄罗斯、沙特阿拉伯、南非、土耳其、欧盟 20 方组成。

2008 年，全球金融危机爆发，隐藏在全球经济背后的问题与矛盾纷纷暴露出来。在美国的倡议下，G20 部长级会议升级为领导人层面的 G20 峰会，并迅速成为国际经济合作的首要平台。

G20 的成立承认了过去几十年国际经济格局发生的巨大变化，新兴经济体的重要性逐渐增加，全球经济和金融市场日趋一体化，凸显了扩大国际经济和金融合作范围的重要性。G20 成员国的经济总量占世界总量的 80% 以上，人口总数占世界人口的三分之二，标志着 G20 的决策具有广泛影响力，其为国际社会齐心协力应对经济危机，推动全球治理机制改革带来了新动力和新契机。

2.“杭州共识”——改善全球经济治理的中国力量

2016 年 9 月 4—5 日，二十国集团领导人第十一次峰会（简称“G20 杭州峰会”）在浙江杭州举行。G20 杭州峰会以“构建创新、活力、联动、包容的世界经济”为主题，G20 成员、8 个嘉宾国领导人以及 7 个国际组织负责人与会。中方主办杭州峰会的目标之一，是推动二十国集团实现从短期政策向中长期政策转型，从危机应对向长效治理机制转型，巩固其作为全球经济治理重要平台的地位。

国家主席习近平在 G20 杭州峰会开幕式中强调："当前形势下，全球经济治理特别要抓住以下重点：共同构建公正高效的全球金融治理格局，维护世界经济稳定大局；共同构建开放透明的全球贸易和投资治理格局，巩固多边贸易体制，释放全球经贸投资合作潜力；共同构建绿色低碳的全球能源治理格局，共同推动绿色发展合作；共同构建包容联动的全球发展治理格局，以落实联合国 2030 年可持续发展议程为目标，共同增进全人类福祉！"

G20 杭州峰会发表了《二十国集团领导人杭州峰会公报》（以下简称《公报》）和 28 份具体成果文件，各国在加强政策协调、创新增长方式、建设更高效的全球经济金融治理、促进更强劲的全球贸易和投资、推动包容和联动式发展五个方面达成"杭州共识"，推动世界经济强劲、可持续、平衡、包容增长，有效引领世界经济发展进入新时代。

第一，加强政策协调。《公报》重申了结构性改革对提高二十国集团成员生产率、潜在产出以及促进创新增长的关键作用，确定了结构性改革的优先领域、指导原则和指标体系，全面提升了结构性改革在 G20框架内的政策地位与引领作用，并制定一套指标体系组成的量化框架，以帮助监测和评估在结构性改革方面所作努力、取得的进展和面临的挑战。

为明确落实增长战略措施的优先顺序，峰会制定了《杭州行动计划》，包括新的和调整的宏观经济及结构性政策措施，发挥二者相互支持以共同促进增长的作用。这进一步凝聚结构性改革共识，制定结构性改革路线图，从根本上解决全球经济面临的中长期结构性问题。

第二，创新增长方式。G20 杭州峰会核准《二十国集团创新增长蓝图》，包含创新、新工业革命和数字经济等领域的政策和措施，探索世界经济增长的新方式。其中,《2016 年二十国集团创新行动计划》,承诺采取促进创新的战略和政策,支持科技创新投资,支持科技创新技能培训,促进科技创新人才流动,以实现创新驱动增长、营造创新生态系统,为世界经济增长带来新机会。

为释放数字经济潜力,《公报》在安塔利亚峰会工作的基础上,制定了《二十国集团数字经济发展与合作倡议》,着眼于为发展数字经济和应对数字鸿沟创造更有利条件,包括更多更好和负担得起的网络准入、促进经济增长及信任和安全的信息流动,同时确保尊重隐私和个人数据保护、促进信息通信技术领域投资、支持创业和数字化转型、加强电子商务合作、提高数字包容性和支持中小微企业发展。

在认识到各国、各地区和全球不同利益相关方之间已有的数字和互联网相关战略的同时,二十国集团数字经济工作组发挥了二十国集团的独特优势,助力于讨论信息通信技术带来的机遇和挑战,提出数字经济发展与合作的一些共识、原则和关键领域。二十国集团将促进成员之间以及成员之外的沟通与合作,确保强大、活跃、互联的信息通信技术,能带动数字经济的繁荣和蓬勃发展,促进全球经济增长,并惠及世界人民。

第三,建设更高效的全球经济金融治理。为建设有效的全球经济金融治理架构,峰会核准了《二十国集团迈向更稳定、更有韧性的国际金融架构的议程》,强调构建开放、抗风险的金融体系的重要性,对资本流动的分析、监测和资本流动过度波动带来风险进行改善;对国际货币基金组织相关工作进行支持并进一步加强交流合作,并对人民币于 2016 年 10 月 1 日被纳入特别提款权(SDR)货币篮子表示了欢迎;承诺保护最贫困国家的发言权及代表性,支持世界银行按照达成一致的路线图、时间表及原则实施股份审议,以逐渐实现平等投票权;核准二十国集团数字普惠金融高级原则等,鼓励各国在制定更广泛的普惠金融计划时考虑这些原则,致力于让金融服务惠及所有人。

国际金融机构的改革是为了顺应当前世界经济新格局。提高新兴国家在国际金融机构中的话语权,反映了当前最新的经济形势,有利于世界经济更加平衡、可持续发展,也有利于"全球命运共同体"目标的实现,并让经济重新充满活力。

第四,促进更强劲的全球贸易和投资。峰会认识到发展中国家通过经济多样性和工业升级以从更加开放的全球市场中受益的重要性,承诺推动贸易投资自由化和便利化,加强开放型世界经济。

《公报》致力于确保双边和区域贸易协定对多边贸易体制形成补充,保持开放、透明、包容并与世贸组织规则相一致;反对任何形式的贸易和投资保护主义;核准《二十国集团全球贸易增长战略》,据此在降低贸易成本、促进贸易和投资政策协调、推动服务贸易、加强贸易融资、促进电子商务发展,以及处理贸易和发展问题方面作出表率,以缓解全球经济复苏缓慢和市场需求低迷等问题,释放全球经贸合作潜力。

第五,推动包容和联动式发展。《公报》提出,为实现强劲、可持续、平衡增长,必须坚持包容性增长,加强可持续发展政策协调,消除普遍贫困,让 G20 的发展成果惠及全球,特别是发展中国家和地区,确保"不让任何国家、任何人掉队"。

在中国的倡议下,G20 杭州峰会实现了三个"第一次":第一次把发展问题置于全球宏观政策框架的突出位置;第一次为联合国《2030 可持续发展议程》制定了行动计划;第一次集体支持非洲和最不发达国家的工业化努力。

G20 杭州峰会不仅首次将发展问题摆到了全球宏观政策框架的突出位置,还进一步邀请多个发展中国家参与讨论,落实联合国 2030 年可持续发展议程行动计划,给未来15年的全球发展制定了明确的时间表和路线图,力争在实现人类社会可持续发展的前提下,保证发展中国家的发展权力,体现了中国发展中大国的担当与责任,也是中国在参与全球经济治理的进程中再次迈出的关键一步。

二、中国主动引领全球经济治理创新

(一)"一带一路"提升中国全球经济治理话语权

1."一带一路"主动引领全球经济治理

2013年9月7日,习近平主席在纳扎尔巴耶夫大学的演讲中,首次提出共同建设"丝绸之路经济带"的新合作模式,提倡加强欧亚各国的政策沟通、道路联通、贸易畅通、货币流通和民心相通。[①]"五通"发展使得各国经济联系更加紧密、相互合作更加深入、发展空间更加广阔。

一个月后的2013年10月3日,习近平主席在印度尼西亚国会的演讲中指出,东南亚地区自古以来就是"海上丝绸之路"的重要枢纽,中国愿同东盟国家加强海上合作,使用好中国政府设立的"中国—东盟海上合作基金",发展好海洋合作伙伴关系,共同建设21世纪"海上丝绸之路"。[②]中国愿通过扩大同东盟国家各领域务实合作,互通有无、优势互补,同东盟国家共享机遇、共迎挑战,实现共同发展、共同繁荣。

"丝绸之路经济带"和"21世纪海上丝绸之路"(简称"一带一路")倡议的提出,标志着中国全面参与、积极主动引领全球经济治理,意味着中国从新中国成立时的被治理者,到恢复在世界银行和国际货币基

---

① 习近平:《弘扬人民友谊　共创美好未来——在纳扎尔巴耶夫大学的演讲》,载《人民日报》2013年9月8日,第003版。

② 习近平:《携手建设中国—东盟命运共同体——在印度尼西亚国会的演讲》,载《传承》2013年第12期,第4页。

金组织合法席位后的被动参与者，再发展到全球经济治理的引领者。

2014年12月29日，丝路基金正式启动运作，秉承"开放包容、互利共赢"的理念，为"一带一路"框架内的经贸合作和双边多边互联互通提供投融资支持。

2015年3月28日，中国国家发改委、外交部、商务部联合发布《推动共建丝绸之路经济带和21世纪海上丝绸之路的愿景与行动》，从时代背景、共建原则、框架思路、合作重点、合作机制等方面对"一带一路"倡议进行阐释，标志着"一带一路"倡议正式进入大众视野。

2017年10月，党的十九大将推进"一带一路"建设写入党章，体现了中国共产党高度重视"一带一路"建设，坚定推进"一带一路"国际合作的决心和信心。

2013年至2020年8年间，"一带一路"倡议对接欧亚经济联盟、共建基础设施、举办国际合作高峰论坛、举办国际进口博览会、开通中欧班列、建设境外经贸合作区等。"一带一路"倡议于2016年得到193个会员国的一致赞同，被写入联合国大会决议，后被写入G20、APEC以及其他区域组织等有关文件中，得到国际社会的普遍支持。

中国自"一带一路"倡议提出以来，遵循"共商共建共享"原则，推动构建互联互通伙伴关系，不断与"一带一路"相关国家深入交流、加强合作，推进更高水平对外开放，提升贸易投资自由化和便利化水平。目前共建"一带一路"已经完成总体布局，正在成为我国参与全球开放合作、引领全球经济治理、推动构建人类命运共同体的"中国智慧"。

2."五通"发展——点亮"一带一路"

（1）政策沟通——国际共识持续扩大。8年来，越来越多的国家和国际组织加入"共商共建共享"朋友圈。截至2021年1月底，中国已与

171 个沿线国家和国际组织签署了 205 份合作文件,共同开展了 2 000 多个项目,签署范围由亚欧地区延伸至非洲、拉美、南太、西欧等相关国家。

共建"一带一路"倡议的广泛国际共识突出体现在"一带一路"国际高峰合作论坛上。2017 年 5 月和 2019 年 4 月,作为"一带一路"框架下最高规格的国际合作平台,两届高峰论坛形成超 560 项成果,成为各参与国家和国际组织深化交往、增进互信、密切往来的重要平台。

(2)设施联通——助力"六廊六路多国多港"互联互通。为推进"一带一路"建设,助力与沿线国家建立更紧密的联系,我国提出"六廊六路多国多港"的建设框架思路,依托国际大通道,路上以沿线中心城市为支撑,海上以重点港口为节点,共同打造国际经济合作走廊和铁路、公路、水路、空路、管路、信息高速路组成的互联互通路网,建设通畅、安全、高效的运输大通道。

国际经济走廊建设是推进"一带一路"建设的重要内容,包括中蒙俄、新亚欧大陆桥、中国—中亚—西亚、中国—中南半岛、中巴、孟中印缅国际经济合作走廊。六大经济走廊将相关 60 多个发展中国家和地区列为中国对外交往的优先和重点对象,有利于打造中国与"一带一路"相关国家和地区互利共赢新格局。

随着"一带一路"建设的不断深入,标志性项目中老铁路、中泰铁路、匈塞铁路、雅万高铁、瓜达尔港等已取得实质性进展;中欧班列呈现"井喷式"增长。

中欧班列是按照固定车次、线路、班期和全程运行时刻开行,运行于中国与欧洲以及"一带一路"沿线各国的集装箱国际铁路联运班列,分别从中国重庆、成都、郑州、武汉、苏州、义乌等开往德国、波兰、西班牙等国家的主要城市。中欧班列的开行为打通欧亚地区贸易"壁垒"提供了新渠道,以三分之一的海运时间、五分之一的空运价格不断凸显国际物流服务比较优势,齐聚时效、成本、运量和稳定等优点,有效促进企业之间的投资合作和交流往来。

如图 4-1 所示,截至 2020 年底,中欧班列累计开行 3.3 万余列,国内货源遍布境外 21 个国家的 92 个城市,比 2019 年底增加了 37 个,已经成为加强与沿线国家经贸合作、推进"一带一路"建设的重要力量。尤其在 2020 年,全球受到新冠肺炎疫情冲击时,中欧班列安全顺畅稳定运行,开行数量逆势增长,在国际抗疫合作、稳定全球供应链上发挥了关键作用。2020 全年开行中欧班列 1.24 万列,同比增长 50%,首次突破"万列"大关;运送 113.5 万标箱,同比增长 56%,综合重箱率达 98.4%,成为一条高效的国际运输"黄金通道"。

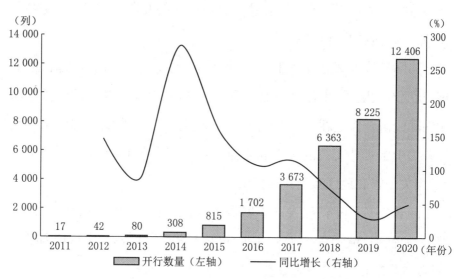

图 4-1　2011—2020 年中欧班列开行数量及增长率

(3)贸易畅通——经贸投资合作不断扩大。8 年来,中国与"一带一路"合作伙伴贸易额累计超过 9.2 万亿美元,中国企业在沿线国家累计直接投资 1 360 亿美元。世界银行报告认为,"一带一路"倡议全面实施将使全球贸易额和全球收入分别增长 6.2% 和 2.9%,并有力促进全球经济的增速(高乔,2021)。

如图 4-2 所示,根据中国海关数据统计,我国对"一带一路"沿线国家进出口总额整体呈逐年增加态势;贸易顺差整体呈下降趋势;进出口总额占我国贸易总额比例不断上升,自 2013 年的 25% 持续上升至2020 年的 29.14%,"一带一路"倡议重要性日益凸显。2020 年即使受到新冠肺炎疫情影响,我国对"一带一路"沿线国家贸易总额达 1.35 万亿美元,仍实现了 0.7% 的正向增长。

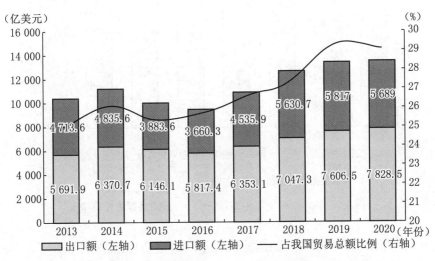

图 4-2　2013—2020 年中国对"一带一路"沿线国家进出口情况

如图 4-3 所示,根据中国商务部数据统计,我国对"一带一路"沿线国家非金融类直接投资呈现稳中有升的态势,2020 年较 2013 年同比增长 53.49%,占我国投资总额的比重不断增加。特别是 2020 年,我国对"一带一路"沿线 58 个国家非金融类直接投资额达 177.9 亿美元,同比增长 18.3%,占我国投资总额的 16.2%,较上年同期提升 2.6 个百分点,主要投向新加坡、印尼、越南、老挝、马来西亚、柬埔寨、泰国、阿联酋、哈萨克斯坦等国家，①与上年对"一带一路"沿线投资流向基本保持一致。在新冠肺炎疫情席卷全球，2020年全球对外直接投资同比缩水42％的背景下，②中国对"一带一路"沿线国家非金融类直接投资能够逆势上涨，得益于中国经济的迅速恢复，也足见共建"一带一路"8年来打下的良好基础。③

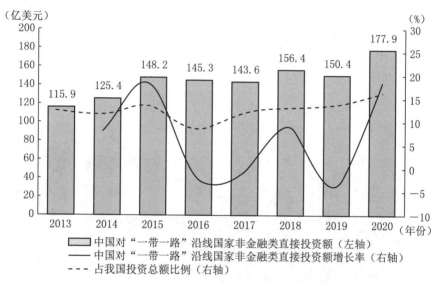

图 4-3　2013—2020 年中国对"一带一路"沿线国家投资情况

此外，2018—2020年，中国国际进口博览会已经成功举办了3届，这是中国扩大进口、充分利用外部市场资源的重要途径和举措；是中国支持经济全球化和贸易自由化的实际行动，为全球企业拓宽了进入中国市场、开展国际合作的"航道"；是世界的一大交流合作平台，使世界进一步互联互通，其发挥的国际采购、人文交流、投资促进、开放合作等

---

①《2020 年我国对"一带一路"沿线国家投资合作情况》，中华人民共和国商务部网站，2021 年 1 月 22 日，http://hzs.mofcom.gov.cn/article/date/202101/20210103033292.shtml。

②《全球投资趋势监测报告》，联合国贸易和发展会议，2021 年 1 月 24 日，https://unctad.org。

③《中国"一带一路"贸易投资发展报告 2021》，中华人民共和国商务部网，2021 年 8 月 24 日，http://fec.mofcom.gov.cn/article/fwydyl/zgzx/202108/20210803190898.shtml。

四大平台作用日益凸显。

其中,第三届进博会是应对疫情期间举办的规模最大、参展国别最多、线上线下结合的国际经贸盛会。展会共吸引 124 个国家(地区)的企业踊跃参展,展示新产品、新技术、新服务 411 项,其中全球首发 73 项。[1]按一年计,第三届进博会累计意向成交 726.2 亿美元,比上届增长2.1%,它的如期举办无疑为世界经济复苏注入了新的动力。

(4)资金融通——建设多元化投融资体系。资金融通是"一带一路"建设的重要支撑,提高债务可持续性则是实现可持续融资、高质量共建"一带一路"的前提(李彪,2019)。中国积极帮助有关国家完善金融体系、搭建融资合作平台,为资金融通提供保障。

2017 年 6 月,中国成立"一带一路"财经发展研究中心,为加强资金融通领域能力建设搭建了重要智库平台。2018 年 4 月,中国与国际货币基金组织建立联合能力建设中心,为共建"一带一路"国家完善宏观经济金融框架提供智力支持。

2019 年 4 月,中国发布《"一带一路"债务可持续性分析框架》,[2]有助于提高"一带一路"参与各方投融资决策科学性,加强债务管理能力。中国与世界银行、亚洲基础设施投资银行、亚洲开发银行、拉美开发银行、欧洲复兴开发银行、欧洲投资银行、美洲开发银行、国际农业发展基金等共同成立多边开发融资合作中心,通过信息分享、支持项目前期准备和能力建设,推动国际金融机构及相关发展伙伴基础设施互联互通,为"一带一路"建设聚集更多资金红利。[3]

---

[1] 《〈第三届进博会传播影响力报告〉发布》,中国国际进口博览会网站,2021 年 10 月 6 日,http://newyork.mofcom.gov.cn/article/jmxw/202110/20211003204848.shtml。

[2] 财政部:《"一带一路"债务可持续性分析框架》,载《预算管理与会计》2019 年第 6 期,第 2—8 页。

[3] 中华人民共和国国务院新闻办公室:《新时代的中国国际发展合作》,人民出版社 2021 年版。

2019 年 11 月，中日韩—东盟成立"10＋3"银行联合体并共同签署《中日韩—东盟银行联合体合作谅解备忘录》，为区域内重大重点项目、中日韩在第三方市场合作等提供融资支持（周萃，2019）。

"一带一路"建设与人民币国际化相辅相成，"一带一路"建设中的经济规模、对外直接投资、贸易规模、经济自由度等因素显著推进人民币国际化水平；同时，人民币利用"一带一路"建设扩大对外投资、活跃欧亚贸易，也将显著提高其国际化水平（李敦瑞，2020）。截至 2020 年底，中国人民币跨境支付系统（CIPS）业务范围已覆盖近 200 个沿线国家和地区；在 25 个国家和地区设立 27 个人民币清算行，覆盖中国港澳台地区、东南亚、欧洲、南北美洲、大洋洲、中东和非洲，人民币国际化基础设施进一步完善。根据统计数据显示，中国先后与 40 个国家签署双边本币互换协议，总规模达到了 3.9 万亿元，人民币已经成为世界第一大互换货币，双边货币合作深入推进、人民币国际化程度稳步提升。

"一带一路"建设的融资支持方面，主要聚焦于亚投行、丝路基金等金融平台。截至 2020 年底，亚投行成员总数已达 103 个，累计批准项目 108 个，项目投资额逾 220 亿美元，覆盖交通、能源、气候、电信、城市发展等多个领域，扩大了"一带一路"沿线国家和地区之间的交流合作。丝路基金通过以股权投资为主的多种市场化方式，在"一带一路"沿线同 30 多个国家和地区的投资者以及多个国际和区域性组织建立了广泛的合作关系，已签约 47 个项目，承诺投资金额 178 亿美元。投资地域不仅包括低收入国家、发展中国家、新兴市场经济体，还包括发达经济体；投资行业涵盖了基础设施、资源开发、产业合作和金融合作等领域的电力、港口、交通、油气、新能源、食品等行业。

疫情客观上加快了全球经济数字化转型，也为"一带一路"国际合作提供了新的增长点。中国和沿线国家借助网络平台、线上支付等数字经济手段,为相关国家间的经贸合作提供重要平台。"一带一路"沿线国家对数字技术、软件产品、数据服务等数字经济产品的需求增加,相关领域也获得较快发展,而中国在数字经济产品供应和数字技术基础设施建设方面具有技术优势,可以预见,中国与沿线国家在数字经济方面的合作迎来新机遇。

(5)民心相通——人文交流合作不断深入。中国坚持"以人为本",通过实施民生援助,关注各国人民福祉,推动中国—联合国和平发展基金、南南合作援助基金等有效运行,努力帮助发展中国家特别是最不发达国家增强自身发展能力,为全球落实2030年可持续发展议程注入强大动力。

根据2021年1月国务院新闻办公室发布的《新时代的中国国际发展合作》白皮书,截至2020年,中国设立的南南合作援助基金已累计投入30.5亿美元,与联合国开发计划署、世界粮食计划署、世界卫生组织等14个国际组织实施项目80余个,涉及农业发展与粮食安全、减贫、妇幼健康、卫生响应、教育培训、灾后重建、移民和难民保护、促贸援助等领域,支持发展中国家平等参与全球经济治理。①南南合作与发展学院已招收来自59个发展中国家政府、学术机构、新闻媒体、非政府组织等200余名硕士博士研究生,为发展中国家治理能力现代化提供人才队伍支持和智力支持。

中国加强人文交流、文化合作,与"一带一路"沿线国家互办艺术节、电影节、文物展等活动,合作开展图书广播影视精品创作和互译互播,形成相互欣赏、相互理解、相互尊重的人文格局,努力促进全球共同发展,筑牢共建"一带一路"的社会基础。

---

① 中华人民共和国国务院新闻办公室:《新时代的中国国际发展合作》,人民出版社2021年版。

随着"一带一路"倡议的深入推进,中国始终坚定不移地奉行互利共赢开放战略,为各国提供了更为广阔的市场、更充足的资本、更丰富的产品、更多的合作契机。

（二）亚投行贡献中国全球经济治理新方案

1. 亚投行破解区域经济发展难题

亚洲拥有全球六成人口,经济占全球经济总量的三分之一,是世界最具经济活力和增长潜力的地区。但因资金需求量大、实施周期很长、收入不确定等问题,原有的世界银行和世界开发银行难以提供充足的资金,一些国家铁路、公路、桥梁、港口、机场和通信等基础建设严重不足,这在一定程度上限制了该区域的经济发展。

2012年,中国已成为世界第三大对外投资国,中国对外投资同比增长17.6%,创下了878亿美元的新高。而且,经过30多年的发展和积累,中国在基础设施装备制造方面已经形成完整的产业链,在公路、桥梁、隧道、铁路等方面的工程建造能力在世界上也已经是首屈一指。中国基础设施建设的相关产业期望更快地走向国际。但亚洲经济体之间难以利用各自所具备的高额资本存量优势,缺乏有效的多边合作机制,缺乏把资本转化为基础设施建设的投资渠道。

在此基础上,为维护世界金融稳定、推动世界基础设施建设、促进世界经济发展,中国于2013年10月,主动提议筹建亚洲基础设施投资银行(简称"亚投行")。2014年10月24日,包括中国、印度、新加坡等在内21个首批意向创始成员国的财长和授权代表在北京签约,共同决定成立亚投行。2016年1月16日,亚投行正式开业。

2. 亚投行——中国完善全球经济治理改革

亚投行是一个政府间性质的亚洲区域多边开发机构,重点支持基础设施建设,旨在促进亚洲区域的建设互联互通化和经济一体化的进程,并加强中国及其他亚洲国家和地区的合作。这是首个由中国倡议设立的多边金融机构,总部设在北京,被主要国际信用评级机构评为AAA级。

发起创建亚投行是中国主动支持和引领全球经济治理体系的重要举措,习近平主席在亚投行开业仪式致辞中指出:"亚投行正式成立并开业,对全球经济治理体系改革完善具有重大意义,顺应了世界经济格局调整演变的趋势,有助于推动全球经济治理体系朝着更加公正合理有效的方向发展。"①亚投行奉行开放的区域主义,同现有多边开发银行相互补充,既能继续推动国际货币基金组织和世界银行的进一步改革,又能补充亚洲开发银行在亚太地区的投融资与国际援助职能。以其优势和特色给现有多边体系增添新活力,促进多边机构共同发展,努力成为一个互利共赢和专业高效的基础设施投融资平台。亚投行的建立也有利于推动人民币国际化、提升中国在国际经济金融规则制定方面的影响力,并成为实施"一带一路"倡议的金融基础,带动整合各国资源,进而推动"一带一路"建设。

亚投行始终坚持"共商共建共享"理念,按国际原则、国际规范管理银行。中国作为亚投行的大股东,并没有一家独大,而是与其他各国商议决定,对国际经济秩序进行完善改进。亚投行成立以来,成员数量、投资项目、投资金额、不断扩大,折射出中国作为负责任大国的公信力不断得到认可。截至 2020 年底,亚投行共拥有 103 个成员,约占全球人口的 79% 和全球 GDP 的 65%;投资 108 个项目,投资总额达 220.2 亿美元。亚投行的发展充分体现了中国的国际公信力和大国担当。

---

① 《亚投行:开启国际发展合作新篇章——习近平出席亚洲基础设施投资银行开业仪式并致辞》,载《中国财政》2016 年第 3 期,第 6—7 页。

未来,亚投行将聚焦建设绿色、数字、社会基础设施等五项重点工作,并计划积极动员私营资本扩大融资额。其中,绿色基础设施将帮助相关国家和地区加速经济转型升级以及迈向碳中和。

亚投行是各成员国的亚投行,是促进地区和世界共同发展的亚投行。中国期待并坚信,通过各成员国携手努力,亚投行一定能成为专业、高效、廉洁的 21 世纪新型多边开发银行,成为构建人类命运共同体的新平台,为促进亚洲和世界发展繁荣作出新贡献,为引领全球经济治理增添新力量。

(三) APEC 促进全球经济治理新发展

1. APEC 推动区域贸易自由化

亚太经济合作组织(Asia-Pacific Economic Cooperation,简称 APEC),是亚太地区内各地区之间促进经济成长、合作、贸易、投资的论坛。1989 年的亚太经济合作会议首届部长级会议,标志着亚太经济合作组织正式成立,各成员以 1994 年印尼茂物 APEC 峰会提出的"茂物目标"作为发展引领,即发达成员在 2010 年,发展中成员在 2020 年实现贸易和投资自由化。亚太经济合作组织的宗旨是:保持经济的增长和发展;促进成员间经济的相互依存;加强开放的多边贸易体制;减少区域贸易和投资壁垒以及维护本地区人民的共同利益。

截至 2020 年底,亚太经济合作组织共有 21 个成员,①是亚太地区中区域组织级别最高、涵盖成员国数量最多、议题覆盖范围最广的高效合作机制。亚太经济合作组织自成立以来,特别是在领导人非正式会议成为固定机制之后,在推动区域贸易投资自由化,加强成员间经济技术合

---

① 亚太经济合作组织成员包括:澳大利亚、文莱、加拿大、智利、中国、中国香港、中国台北、印度尼西亚、日本、韩国、墨西哥、马来西亚、新西兰、巴布亚新几内亚、秘鲁、菲律宾、俄罗斯、新加坡、泰国、美国和越南。

作等方面发挥了重要作用,与全球经济治理实现高效紧密的互联互通。

2. APEC——助力建立亚太自由贸易区

2014 年,为避免不同自贸区、自贸协定制定不同的标准、规则,同时实现更高水平一体化,各方就《APEC 推动实现亚太自贸区北京路线图》达成了共识,决定启动建设一个跨越太平洋、涵盖世界前三大经济体、占总人口 40%、占全球 GDP 近 60%、占全球贸易额 46% 的亚太自由贸易区。

目前,在已经签署的 RCEP 和 CPTPP 的基础上,中国借助 RCEP,能够更加主动地深化开放、提升自由化便利化水平,与 APEC 各方一道加快推进亚太自贸区进程,建成全面、高一体化、高水平的自贸区。

2020 年 11 月 20 日,亚太经济合作组织第二十七次领导人非正式会议(以下简称"第二十七次会议")宣布完成"茂物目标"。长期以来,中国积极落实"茂物目标",包括大幅降低关税水平、降低外资准入门槛、制定自贸协定、举办进口博览会等,持续推进区域经济一体化,为实现全球市场的开放互通作出重要贡献。

第二十七次会议还通过了《2040 年亚太经合组织布特拉加亚愿景》,致力于打造开放、活力、强劲、和平的亚太共同体。新愿景提出的推动数字经济发展、关注区域平衡、可持续和包容增长等目标,与中国创新、协调、绿色、开放、共享的新发展理念高度契合。中国将继续与APEC 经济体一道,使区域经贸合作成果真正转化为人民生活水平的提升,并助力全球经济增长,促进全球经济治理新发展,为构建亚太命运共同体、人类命运共同体作出贡献。

(四) RCEP 凸显中国在全球经济治理中的地位

1. RCEP 打通区域贸易壁垒

2012 年,东盟十国发起《区域全面经济伙伴关系协定》(简称

RCEP)谈判,旨在通过削减关税及非关税壁垒,建立统一市场的自由贸易协定。经过8年谈判,2020年11月15日,东盟十国和中国、日本、韩国、澳大利亚、新西兰共15个亚太国家正式签署了《区域全面经济伙伴关系协定》,协议覆盖约全球三分之一人口,GDP总和超过25万亿美元,约占全球贸易总量的25%,标志着当前世界上人口最多、经贸规模最大、最具影响力、最具发展潜力的自由贸易区宣告诞生。

RCEP签署后,由东盟十国分别与五国签订协议的5个"10＋1"模式更换为1个"10＋5"模式,各国建立新的经济联系。RCEP共有20个章节,涵盖了自贸协定基本的特征、货物贸易、服务贸易、投资等市场准入,也包括贸易便利化、知识产权、电子商务、竞争政策、政府采购等大量规则内容。在货物贸易方面,整体开放水平达到90%以上,比世界贸易组织各国的开放水平高得多;在投资方面,用负面清单的方式进行投资准入谈判,形成了一个全面、现代、高质量、互利互惠的自贸协定。[①]

2. RCEP——中国积极主导全球经济治理

在RCEP正式签署前,亚太地区已经形成了另一组重要的多边关系自由贸易协定——《跨太平洋伙伴关系协定》(简称TPP)。2015年10月5日,经过5年的密集谈判,TPP取得实质性进展,美国、日本、澳大利亚等12个国家[②]有意向达成贸易协定。这意味着一个横跨太平洋,涉及美洲、大洋洲和亚洲,涵盖全球40%的经济产出,三分之一的贸易额的巨型自由贸易圈建立的可能性。协议包含投资、服务、电子商

[①] 《商务部国际司负责同志解读〈区域全面经济伙伴关系协定〉(RCEP)之一》,中华人民共和国商务部网,2020年11月15日,http://big5.mofcom.gov.cn/gate/big5/www.mofcom.gov.cn/article/ae/sjjd/202011/20201103015927.shtml.

[②] TPP 12个成员国包括:美国、日本、澳大利亚、加拿大、新西兰、新加坡、马来西亚、越南、智利、墨西哥、秘鲁和文莱。

务、政府采购、知识产权、劳工、环境等 30 个章节。时任美国总统奥巴马表示,美国希望借助 TPP 重新书写规则。美国退出 TPP 后,一些国家继续推进该协定的谈判,最终达成了 CPTPP。

TPP/CPTPP 达成后,成员国之间大幅削减关税,甚至达到零关税,或会对非 TPP/CPTPP 成员国中国的出口带来冲击。但中国自加入 WTO 以来,积极主导全球经济治理,持续加快实施自由贸易区战略,当时在建自贸区 14 个,涉及 32 个国家和地区;签署自贸协定 14 个,涉及 22 个国家和地区,其中就包括与三分之二的 TPP/CPTPP 成员国签署了双边的自由贸易协定,这能够在一定程度上平衡 TPP 的负面影响;同时积极推动 RCEP、中国—海湾合作委员会自贸区、中国—挪威自贸区、中国—斯里兰卡自贸区、中日韩自贸区等多个自贸区的建立。若成功建立,也能够在一定程度上平衡中国的外贸损失和国民收入的减少。

其中,尤其是巨型自贸区——RCEP 的成功建立,是中国入世 20 年来又一次全局性贸易开放,是中国积极主导全球经济治理迈出的重要一步。中国三分之一的对外贸易将实现自由化,涵盖贸易额将达到 1.4 万亿美元,给中国企业带来更多的机遇。在美国践行保护主义政策的同时,中国推动了 RCEP 的签署,推动了全球化与区域合作的发展,更加凸显了中国在全球经济中的地位。

在货物贸易方面,RCEP 促进了协定缔约方的出口,从而有利于 GDP 增长;并通过扩大进口,能够更好地满足消费、生产的需求;更加统一的原产地规则有利于区域内商品更自由地流动,原本不会被认定为原产的商品在协定生效后更容易被认定为原产商品,从而享受关税减让的好处。在战略影响方面,签署 RCEP 属于强有力的信号释放,能让他国看到中国开放的决心;并通过更加紧密地发展与缔约方的经贸关系,强化自身发展的稳定性(苏庆义,2020)。

RCEP 的签署，将为各国提供开放、广阔的平台，带动相关产业发展，拉动区域经济增长，同时将作为基础继续推进亚太自贸区进程，进一步提升亚太地区在全球经济贸易发展中的地位，提升中国在全球经济治理中的地位。此外，东盟十国也覆盖部分"一带一路"倡议范围，RCEP 成为"一带一路"上最大的制度化和机制化的合作平台，使RCEP 成员国更广泛、更深入地参与到"一带一路"建设中来，与"一带一路"相互促进、共同发展。

第四节　全球经济治理与人类经济命运共同体

习近平总书记在庆祝中国共产党成立 100 周年大会上的讲话指出："我们必须高举和平、发展、合作、共赢旗帜，奉行独立自主的和平外交政策，坚持走和平发展道路，推动建设新型国际关系，推动构建人类命运共同体，推动共建'一带一路'高质量发展，以中国的新发展为世界提供新机遇。"中国共产党不仅是为中国人民谋幸福的政党，更是为人类进步事业而奋斗的政党。作为新时代坚持和发展中国特色社会主义的基本方略之一，构建人类命运共同体已被写进中国共产党党章、中华人民共和国宪法，是实现中华民族伟大复兴中国梦的内在要求，也是中国共产党在新时代肩负的神圣使命和国际战略目标。

加强发展战略对接、深化区域经济合作是推动构建人类命运共同体的重要动力和发展引擎。当前，中华民族伟大复兴战略全局和世界百年未有之大变局深度交汇，世界经济增长的不确定性不断上升，各国贸易摩擦和冲突越加频繁，与此同时，全球更加灵活的区域经济合作趋势不断增强，区域经济合作的深度和广度在不断深化。特别是党的十八大以来，中国始终坚持"共商共建共享"原则，积极打造开放、包容、均衡、普惠的区域合作架构,探索区域经济合作与全球治理新模式,与越来越多的经济体构建双边命运共同体,以中国的新发展为世界提供新机遇,实现中国与世界的共赢。

推动区域经济合作,中国已成为全球共同发展的重要贡献者。新中国成立以来,我们党领导人民创造了举世罕见的经济快速发展奇迹,抓住经济全球化机遇,不断融入国际大循环。中华民族实现了从富起来到强起来的历史性飞跃,形成了 41 大类和 666 小类的完整工业体系,成为全球唯一的拥有联合国产业分类中所列全部工业门类的国家。到 2022 年国内生产总值已超过 121 万亿元,约占全球经济总量的 18%,位列全球第二大经济体,成为推动全球经济稳步复苏和增长的重要力量。在对外开放中展现出大国担当,坚定不移奉行互利共赢的开放战略,实行高水平的贸易和投资自由化便利化政策,持续推动区域经济合作。截至 2022 年,与中国签署自由贸易协定生效的国家(或地区)有 19 个,集中在欧洲、亚洲、大洋洲等地区;截至 2023 年 6 月,中国与184 个国家和国际组织,签署了 200 余份共建"一带一路"合作文件;中欧班列线路达 82 条,涉及欧洲 24 个国家 195 个城市。周边命运共同体、亚太命运共同体、中非命运共同体、中阿命运共同体、中拉命运共同体等应运而生。通过广泛的区域经济合作,促进世界各国共同发展繁荣,中国始终成为全球发展的贡献者、国际秩序的维护者,以中华民族的伟大复兴带动更多国家、更多文明共同复兴。

拓展区域经济合作,中国新发展为世界提供新机遇。世界经济正处在动能转换期,全球增长潜力不足,难以支撑世界经济的持续稳定发展。中国在区域经济合作的不断走深走实,共建合作平台、共商合作成果,为解决世界经济难题寻找解决方案,为实现联动式发展注入新能量。从"引进来"到"走出去",中国倡议共建"一带一路",为应对国际金融危机作出重大贡献，成为世界经济增长的主要稳定器，以自身行动诠释构建人类命运共同体的大国担当。"一带一路"建设以来，中国更加注重与相关国家发展战略和基本利益的对接，更加重视提升各类投资项目的质量与效果，更加重视与我国重大区域发展战略协同对接。2019 年《上合组织成员国多边经贸合作纲要》签署，为上合组织经贸领域合作未来发展奠基定调，助力成员国间互联互通。2020 年《区域全面经济伙伴关系协定》（RCEP）签署，作为经济体量最大的区域贸易协定，构建面向全球的自由贸易区网络，成为中国深化改革开放进而促进区域经济合作的又一重要平台。"加快构建以国内大循环为主体、国内国际双循环相互促进的新发展格局"首次写入"十四五"纲要，为世界经济联动式发展提供更为广阔的国内国际消费大市场。中国是人类命运共同体理念的倡导者，也是实践者。新时代的中国，在中国共产党的领导下，逐步形成以国内大循环为主体、国内国际双循环相互促进的新发展格局，为世界经济复苏提供动力。

深化区域经济合作，中国成为全球经济治理体系改革的重要力量。全球经济发展持续低迷，国际经济秩序面临深度调整，人类的命运从没有像今天这样紧密相联，加强全球治理、推进全球经济治理体系变革是大势所趋。加强党对我国参与全球经济治理的全面领导，坚持和平、发展、合作、共原则，持续深化区域经济合作，以国内经济持续快速发展同各经济体发展相融合，顺应全球治理体系变革的内在要求，不断提升我国在全球经济治理体系的话语权。一系列全球经济治理改革，成为推动构建人类命运共同体理念的一次次伟大实践：推动成立亚洲基础设施投资银行、新开发银行等新机构，努力打造亚投行成为"推动全球共同发展的新型多边开发银行、新型发展实践平台、高标准的新型国际合作机构与国际多边合作新典范"；加强传统多双边开发机构，如世界银行、亚洲开发银行、国际农业发展基金等传统多双边开发机构全方位合作，推动落实《联合国气候变化框架公约》和《巴黎协定》原则共识，参与相关机构治理和政策制定进程，全面提升了发展中国家代表性和话语权。中国全球治理实践，彰显了同舟共济、权责共担的命运共同体意识，为完善全球治理体系变革提供了新思路新方案。

融汇区域经济合作，中国持续推动各国文化的交流互鉴。百年未有之大变局下大国战略博弈全面加剧，国际秩序深度调整，人类文明发展面临的新机遇新挑战层出不穷，这不仅需要世界各国坚持互利共赢原则，更需要各国加强文化交流互鉴，共同推动人类命运共同体构建。习近平主席在亚洲文明对话大会上指出，"文明因多样而交流，因交流而互鉴，因互鉴而发展"，精准概括了文明发展的逻辑链。中华文化拥有五千多年历史，中国共产党的百年奋斗实践和 70 多年执政兴国经验植根于中华大地，蕴藏着独特文化基因。我们党坚持以马克思主义为指导，立足中国国情，从中华五千年文明中汲取智慧，坚守而不僵化，借鉴而不照搬，是中国特色社会主义道路的精神底色。在区域经济合作深化中，既要着力推动中华文化"走出去"，将自身发展与世界发展相统一，也要加强世界上不同国家、不同民族、不同文化的交流互鉴，特别增强"一带一路"上地区与国家的文化交流，尊重文化的多样性和差异性，夯实人类命运共同体的人文基础，使之成为构建人类命运共同体的纽带和推进器。

中国已成为多边主义的重要支柱，为全球治理注入新内涵。构建人类命运共同体，是实现中华民族伟大复兴中国梦的内在要求，也是中国特色社会主义的应有之义。通过区域经济合作深化，中国尝试加入CPTPP，借力 RCEP 促进高水平贸易投资和 WTO 改革，借助疫情恢复窗口期增强与日本、欧洲的国际经贸合作，以中欧协定的签署和推动为契机,适时重启中美双边投资协定谈判,进而推动构建更高层次的开放型经济新体制,全面开拓丰富区域经济合作网络,为世界其他发展中国家提供中国方案和中国策略,在实现中华民族伟大复兴中国梦的同时,增强人类命运共同体构建的内在动力。

第五章　国际金融治理的中国智慧

长期以来,中国一直坚持同世界各国发展友好合作关系,积极参与国际金融治理,充分展现了一个负责任大国的担当,尤其是 2013 年以来,中国通过创建亚洲基础设施投资银行、丝路基金等,助力"一带一路"等项目的投融资活动,大力支持多边安全与协调发展机制的构建与完善,努力构建公正、合理的国际金融治理新范式,以及普惠、公平的世界经济发展模式。

第一节　国际金融治理的内涵和框架

一、国际金融治理的内涵

金融是现代经济运行的命脉,经济的高质量增长离不开金融的健康发展,构建发达高效、风险可控的金融体系是现代经济发展的内在需求。国际金融治理机制包括治理主体、治理对象、治理目标、治理规则和治理框架。国际金融治理的主体包括各主权国家、国际金融组织、高峰论坛和各类治理平台等,各方通过共同协商,制定相关的规则和制度,协调不同经济体在国际金融领域的利益,进而促进全球经济的增长。国际金融治理涉及各国之间的货币合作、国际金融市场监管、政府间在金融制度方面的协调、系统性金融风险的防范与应对等,旨在通过优化国际货币体系、国际资本流动、金融监管体系和国际金融机构等,加强各国在国际金融领域的安全合作,提高金融效率,完善全球金融安全网,共同维护国际金融体系的稳健运行。

在当前的国际金融治理框架中,二十国集团即是核心的治理平台;高峰论坛既有区域性的,也有专业性的;国际性金融组织既有诸如国际货币基金组织、世界银行等全球性的金融机构,也有亚洲基础设施投资银行、金砖国家新开发银行等区域性的金融机构。国际金融治理规则既有正式的,也有非正式的,比如布雷顿森林体系即属于传统的、正式的国际金融治理安排,二十国集团则属于非正式的、由发达国家和新兴市场国家共同主导的国际金融治理安排。新时代国际金融治理的目标在于通过构建公平公正、安全高效的国际金融治理体系,促进世界经济的可持续增长。

二、现行国际货币体系下的汇率制度安排

二战后,国际货币体系经历了由布雷顿森林体系向牙买加体系的转变,1973 年春季,布雷顿森林货币体系崩溃,全球货币进入信用本位时代,在信用货币体系下,汇率的决定成为各经济体面临的一大难题。在金本位时代,两种货币的汇率以金平价为基础。在布雷顿森林货币体系崩溃以后,汇率作为一个重要的经济变量和政策变量,更主要的是作为自由变量而由市场供求决定其汇率水平,或者作为稳定的政策目标由央行采用钉住汇率制度,虽然有"有管理的浮动汇率制"等中间汇

率制度的说法,实际上偏向钉住单一货币。购买力平价在理论上可以作为汇率的决定理论,但由于国际贸易受到国际政治、经济等多种因素的影响,一价定律得以实现的许多前提条件并不存在,因而,购买力平价至少在短期中经常是不成立的。1973 年以后,西方发达国家率先采用了浮动汇率制度,除了作为自由变量和政策目标之外,很少有经济体将汇率作为政策工具使用。

按照国际货币基金组织发布的 2016 年的外汇报告所披露的信息,实行独立浮动汇率制度的有美国、英国、欧元区和日本等 33 个国家和地区;实行浮动汇率制,不明确中心汇率,当汇率出现大幅波动时,可能采取一定措施的有巴西、阿根廷、印度和韩国等 40 个国家;采用各类中间汇率制度的有埃及、伊朗等 33 个国家;基金组织把钉住汇率制度细分为四大类别,合计有 87 个国家采用各种方式的钉住汇率制,中国、新加坡等 18 个国家被划入稳定化安排汇率制度。总体来说,发达国家大多数采用独立浮动汇率制度,发展中国家基本上采用钉住汇率制度,或者有管理的浮动汇率制度。

采用浮动汇率制度的国家,汇率由市场决定,除非短期内汇率出现剧烈波动,一般情况下,货币当局不能随意对汇率进行干预。采用管理浮动的国家,汇率的升降不完全由市场做主,如果货币当局发现汇率水平偏离中心汇率,就有可能采用某种手段干预汇率。如果货币当局认定的中心汇率确实是反映了经济基本面的均衡汇率,当市场汇率偏离均衡汇率时,行政干预汇率较为合理,如果中心汇率并非均衡汇率,行政干预汇率则可能是错误的。对于采用钉住汇率制度的国家的货币当局来说,汇率稳定不变、升值或贬值是其经常面临的艰难选择。面临对外贸易发展不利和经济下行压力,对于是否应该调整汇率,还是要依据汇率是否处于均衡水平:如果本币被高估,就应该下调汇率,如果本币被低估，就应该上调汇率。

采用独立浮动汇率制度是人民币国际化发展的内在要求。目前，我们国家实现人民币自由兑换和独立浮动汇率制尚有一段金融市场发展的道路要走，这需要通过金融产品和金融业务的创新来发展金融市场，拓展金融市场的广度和深度，从而提高金融市场的魅力和弹性，既能吸引大量资金留存在中国市场，又能使市场规模足够大而又具有很大的抗风险能力。20 世纪 30 年代，有些国家进行外汇倾销，由于汇率具有双刃剑的特点，而且容易被倾销国家采用相同的汇率手段施加报复，历史证明外汇倾销必然会失败。综合考虑我国的外汇储备政策、外汇管理政策、资本账户的开放以及人民币自由兑换、人民币国际化等相关问题，应全面系统地探讨人民币汇率制度和人民币汇率水平，以人民币自由兑换和独立浮动汇率制作为两个几乎同时实现的制度目标为纲，制定切实可行的实施方案。

三、国际收支调节机制

国际收支调节机制包括国际收支失衡的调节方式、责任机制及其对经济发展的影响。国际收支失衡将会对世界经济运行造成较大冲击，国际收支调节机制须明确顺差国和逆差国的协调方式以及各自在国际收支调节中所需承担的责任，有关国家应该公平分担国际收支失衡调节中的成本，防止个别国家在此过程中付出过多的代价。在当前的调节机制下，国际收支失衡的调节责任主要由赤字国承担，即赤字国通过牺牲国内的经济增长寻求外部经济的平衡。

当一国出现国际收支赤字时，贬值本国货币并不能从根本上解决国际收支失衡问题。根据"J曲线效应"，由于本币贬值，出口同样数量的商品和劳务，而获得的外国货币金额反而减少，进口同样数量的商品和劳务需要付出更多的本币,因此,本币贬值,至少在短期内无法改善国际收支,反而会恶化国际收支。本币贬值对国际收支的最终影响还是如马歇尔-勒纳条件所述取决于该国进出口商品的结构和弹性。当一国出现国际收支赤字时,应通过转型升级提高出口商品的附加值和科技含量,优化贸易商品结构,从根本上解决国际收支失衡。

第二节 现行国际金融治理的弊端

一、国际金融治理的理念有待改善

世界各国应该坚持协同合作,打造更加开放包容、公平透明的国际金融治理模式,完善全球供应链和价值链,联合培育不同市场的需求。新时代国际金融治理应以实现世界各国的"互利共赢"为基本原则,治理模式应秉承"开放与平等""对话与合作"的理念,治理目标应是努力构建"人类命运共同体"。国际金融治理新范式应该充分反映国际经济新格局的变化,各个国家无论大小、贫富或者强弱,都应该平等地参与国际金融治理的决策与执行,使更多的国家实现互联互通、联动增长,各国应当在深化开放中分享更多的发展机遇,并平等地享受国际金融治理的成果,创建开放包容、互利共赢、公正高效的国际金融治理新范式,构筑国际金融安全网。

中国引领的全球经济治理的目标是要实现各国的共同发展、利益共享、均衡发展和风险共担。习近平总书记提出的"人类命运共同体"理念是新时代全球经济治理思想的最高价值形态,这一理念突破了传统的全球经济治理的利益分配模式,不再局限于狭隘的国别利益和民族利益,而是为了满足全人类的共同需求,缩小东西方国家的贫富差距,这也是新时代国际金融治理的最高目标。

二、国际金融治理机制与治理结构低效

高效的国际金融治理机制和治理结构应促使金融资源达成跨时期、跨地区的优化配置,当前全球金融治理的制度性缺陷使得金融体系存在明显的资源错配。

2008 年全球金融危机以来,世界各国经济增长乏力,国际政治经济格局发生了深刻变化,现有的国际金融治理机制严重滞后于世界经济发展的需要,国际金融治理体系面临严峻挑战。各主权国家和国际组织是国际金融治理的主导力量,近年来频发的金融危机充分暴露出国际金融治理的制度性缺陷,尤其是美元在国际货币体系中的霸权地位、过度的金融创新对国际金融体系的冲击,以及国际金融监管制度的漏洞等,国际金融治理中的治理机构和协调机制亟待改进和完善。长期以来,国际金融治理体系能够提供的公共产品严重不足,治理机制和治理结构的有效性较低,积极主动推动国际金融治理的经济体相对较少,现行的国际金融治理机制难以适应国际形势的变化。国际金融治理的关键在于确保当前国际经济秩序稳定运行的前提下,构建有利于促进全球经济可持续发展的机制和规则,不同的国际金融治理体系对世界经济运行的影响存在较大差异,各国之间相互依存,彼此利益相联,在日益复杂的全球大变局下,世界各国应群策群力,积极创建开放包容、合作共赢的国际金融治理机制。

三、国际金融治理主体的代表性和权威性亟需提升

国际金融治理属于世界各国的共同事务,每个国家都应该承担一定的责任,如何结合自身的国情,确定本国在国际金融治理体系中的角

色定位,应当是每个国家面临的重要课题。中国一贯主张应提升新兴市场国家和发展中国家在国际金融治理中的代表性和发言权,推动形成更加公平、公正、合理、共赢的国际金融新秩序。

近年来,全球经济发展极不平衡,部分国家的国际收支失衡、贫富差距加大等对国际金融治理产生巨大冲击。新时代的国际金融治理应以规则为基础,各类规则的制定应该由国际社会共同参与完成。为进一步激发经济全球化的积极作用,实现经济全球化进程的再平衡,世界各国应加强合作、主动作为,改善国际金融治理结构,使不同国家都可以享受到经济全球化带来的正效应。20世纪90年代以来,中国的经济增长迅速,金融市场也取得了快速发展,并勇于承担国际责任,扩大与世界各国的交流与合作,努力打造互惠互利、发展共赢的国际秩序新格局。在全球经济治理方面,中国积极参与国际金融治理,主动寻求构建更加公平、合理的国际金融治理机构,国际金融治理的能力也大幅提升,成为塑造国际金融治理新范式的重要开拓者和引领者。

四、国际货币体系与危机救助机制存在内在缺陷

无论是二战后形成的布雷顿森林体系,还是现行的牙买加体系,这两种国际货币体系都无法解决"不可能三角"问题。而且,在现行的国际货币体系中,美元享有诸多特权,且美国无须承担相应的责任。布雷顿森林体系解体后,国际货币体系依然维持事实上的美元本位,2008年国际金融危机后国际货币体系一家独大的局面没有发生根本性变化,美元的国际地位反而有所加强。新兴经济体处于国际货币体系的外围,国际贸易、国际投融资依赖于国际货币作为媒介,即使不与有关国家发生经济联系,也无法摆脱其货币政策的负面溢出影响。因此,尽管美国货币政策调整是基于其国内的经济状况,但每当美联储调整货

币政策、美元汇率波动，新兴经济体就会反复出现过度的资本流动、汇率超调和偿债负担加重等情况。

当前的国际金融治理体系缺乏对国际资本流动的有效管理。国际资本流动表现出较强的顺周期性，新兴经济体经济金融环境变化，跨境资本大进大出，往往引发信贷被动扩张收缩，资产价格暴涨暴跌，经济过度波动甚至引发金融危机。为防范全球跨境资本流动风险，亟须通过建立资本输出国、输入国共同参与的资本流动管理框架，约束发达经济体资本过度流出，防止新兴经济体过度借债及脆弱性不断积累。目前全球层面的危机救助机制主要依靠国际货币基金组织，在历史上，国际货币基金组织贷款的使用条件苛刻、效果并不佳。在亚洲金融危机期间，国际货币基金组织为韩国、泰国、马来西亚等国开出的救助条件十分严苛，包括大幅紧缩财政、国企私有化、汇率自由浮动、开放金融市场等，没有考虑危机国的现实情况，在某种程度上加剧了危机。再如，阿根廷爆发汇率危机后，在政府与国际货币基金组织达成救助协议后阿根廷比索汇率反而继续贬值，这反映出市场对国际货币基金组织救助效果存疑。此外，尽管亚洲、金砖国家等部分经济体也对区域危机救助作出了安排，但全球、区域、双边和各国自身外汇储备等各层次危机救助安排之间缺少协调，救助资源还有待进一步整合。

第三节　公正高效的全球金融治理格局的中国实践

一、全球金融治理的再平衡

（一）新时代国际金融治理的基础条件

首先，新时代国际金融治理应该建立在平等的基础上，能够充分反映国际经济格局的深刻变化,增加新兴市场国家和地区以及发展中国家的发言权,提高国际金融组织的代表性,确保各经济体能够在国际经济合作中享有平等的权利。其次,新时代国际金融治理应该坚持以开放为导向,治理理念、治理目标和治理模式都应该本着"包容开放、合作共赢"的原则,新时代国际金融治理体系的构建应该广泛征求各个国家和地区的意见和诉求,鼓励更多经济体能够积极参与国际金融治理;治理制度的安排须避免排他性,防止国际金融治理机制的封闭化和规则的碎片化。再次,新时代国际金融治理应该加强世界各国的沟通与合作,重视各方的利益协调,尊重不同经济体的利益诉求,反对单边主义和霸权主义,以"共商共建共享"为前提构建新国际金融治理规则和机制,努力实现公平公正、合作共赢的目标。

世界各国是休戚与共的命运共同体,中国一直秉承平等、开放、包容的理念参与国际金融治理,坚持"共商共建共享"的治理理念,提倡多元共治与共生性博弈,主张国际金融治理新范式应以各国的共同利益为重,维护协商各国共建的多边合作机制,积极推进共担共治、合作透明、互利共赢的共同开放,深化改革国际金融治理体系,推动经济全球化朝着更加开放、包容、普惠、共赢的方向发展。中国提出的新时代国际金融治理思想即是旨在构建更加行之有效的规则和机制,本着"互利共赢、多元共治"的理念,向世界各国提供更多的公共产品,以解决全球经济发展所面临的现实问题。

中国一直积极推进完善地区金融合作体系,引领搭建亚洲金融机构的交流与合作平台,推动亚洲基础设施投资银行同世界银行、亚洲开发银行等国际金融机构互补共进、协调发展,加强各国在货币稳定和国际投资等领域的务实合作,优化多边合作机制,促进形成多层次的金融合作框架,以满足各地区经济发展的资金需求,增进各经济体的深化合作，构筑地区新金融安全网。中国一直倡导应坚持底线思维，注重金融风险防范，努力排除各类风险因素，切实做好金融风险评估，积极促进各地区金融机构之间的合作与交流，共同维护区域经济金融的稳定。中国还大力提倡发展绿色金融，主动将金融政策、财政政策与环境保护相联系，倡导社会消费和投融资活动能够充分考虑对环境的影响，力促绿色低碳经济的发展，并以此推动世界经济的可持续增长。2016 年，中国承办的 G20 杭州峰会亦将绿色金融确定为重要的会议主题，推动国际绿色债券投资，维护国际金融市场的健康发展。

经济一体化和全球化顺应了历史潮流，中国一直是经济一体化和全球化的坚定支持者和积极参与者，在新时代背景下，我们更应该准确把握经济一体化和全球化的新趋势，继续深化对外开放，提高对外开放的水平，优化国际金融治理体系，为推进全球经济增长注入强劲动力，有效应对社会经济发展中所面临的困难和挑战。中国一向积极参与和推动国际宏观政策协调、国际金融机构改革和国际金融监管体系的完善等，为促进国际金融市场稳定和世界经济复苏贡献了中国智慧和力量。今后，各国应进一步加强宏观政策的沟通与合作，优化区域金融合作交流平台，防范国际金融市场风险，继续推进普惠金融和绿色金融的发展，构建公平公正、包容有序的国际金融体系，形成公正高效的国际金融治理机制，促使国际金融活动更好地服务于各国实体经济的发展。

（二）新时代国际金融治理的中国方案

目前，中国已是全球第二大经济体和第一大贸易国，也是全球吸引外商直接投资以及进行海外直接投资最多的经济体，长期以来，中国主动推进经济结构的改革，努力实现经济的持续性、高质量增长，中国经济的持续稳定增长又为世界经济的复苏与发展作出了巨大贡献，也为中国参与国际金融治理奠定了坚实的基础，近年来中国在国际金融治理中的话语权和影响力显著提升。中国提出的国际金融治理理念和政策方案受到世界各国的广泛重视和支持，并促使形成以中国方案和实践引领国际金融治理的新范式。

中国经济的高速增长充分体现了中国的制度优势，中国提出的"一带一路"区域合作机制、金砖国家新开发银行（New Development Bank，简称"金砖银行"）倡议以及推出的人民币跨境支付系统等推动了传统国际金融治理模式的转型，大力促进了国际金融治理体系的改革。"一带一路"区域合作机制承担的国际责任包括提供国际公共产品，努力促成包容开放、平等互惠的新型经济全球化。金砖银行的创建主要是为了维护金砖国家的货币稳定，构筑区域金融安全网。其中，中国倡导设立的应急储备基金则是为了解决金砖国家可能出现的短期金融危机，属于一种国际救助机制。中国推出的人民币跨境支付系统是中国重要的金融市场基础设施，亦是对国际银行同业间的国际合作组织（又称"环球同业银行金融电讯协会"，SWIFT）系统的有效补充，能够满足不同国家和地区的人民币结算需求，既提升了跨境交易的安全性，也提高了国际清算的效率，有助于推动人民币国际化进程，促进加快构建更加公平、高效的市场环境。2014 年以后，中国陆续推出了"沪港通""深港通""债券通"等重大举措，并不断完善相关配套支持措施，对合格投资者的管理框架和政策进行优化，努力提高投资者的投资效率，这些都构成了中国逐渐开放资本市场的重要实践。

国际金融治理新范式的基本特征即是治理机构的调整和治理机制的优化，中国提出的新时代国际金融治理的新思想、新机制、新体系和新机构等，都凸显了中国作为一个大国的责任担当，也提高了中国在国际金融治理中的话语权，有助于增强国际金融治理的权威性和有效性。

实践证明，中国在国际金融治理体系中具有举足轻重的作用，在探索国际金融治理新范式的过程中，中国将是不可或缺的重要建设者和贡献者。党的十八大以来，中国有序推进金融市场的改革与开放，并取得了巨大成就，金融业获得快速成长，金融对经济增长的贡献度持续加大。近年来，中国金融市场的各类金融工具日益丰富，普惠性金融实现较快发展，人民币国际化和金融市场的双向开放取得新的进展，金融监管制度与金融体系不断完善，中国守住不发生系统性金融风险底线的能力明显增强。中国大幅放宽金融市场的准入限制，通过有条不紊地放宽银行、证券、保险等行业的外资股占比限制，以及设立外资金融机构的限制，全面深化金融市场改革，加大开放资本市场的进程和力度，逐步扩大外资金融机构在中国金融市场的业务范围，提高中国金融业的国际化水平，积极拓展国内外金融业务的合作领域，努力营造更具吸引力的金融投资环境，积极维护金融体系的稳健运行。此外，中国在有序推动人民币国际化进程、进一步开放国内资本市场的同时，继续深化人民币汇率形成机制改革，提高金融市场的透明度，并加大对知识产权的保护，鼓励市场竞争，反对市场垄断，提高金融投资的自由化水平，增强资本市场的吸引力。

在国际金融方面，中国一贯支持国际金融体系的改革，大力倡导提高国际金融组织的权威性和影响力，扩大特别提款权在国际交易中的作用，提升发展中国家在国际金融组织的代表性和发言权，增强国际金融监管协调，巩固全球金融安全网。2013年以来，中国不断加快构建支持"一带一路"建设的金融保障体系，积极引导有实力且有社会责任感的企业参与"一带一路"沿线国家的基础设施建设，并为这些企业提供充足的资金支持，打造多元化国际投融资体系。在 G20 汉堡峰会上，习近平主席强调金融的创新发展应着眼于提升全球金融市场的抗风险能力。2016 年中国承办的 G20 杭州峰会进一步强化了多边开发银行之间的合作，改善了国际融资环境，加强了全球基础设施的互联互通，大大推动了世界经济的有效治理。G20 杭州峰会还首次将绿色金融纳入 G20 框架，在中国的大力倡导和积极推动下，2016 年以后，绿色金融成为 G20 峰会的重要常规议题。为引导绿色金融发展，截至目前，中国已完成制定了 1 项国际标准、1 项国家标准、5 项行业标准和 4 项绿色金融改革创新试验区标准，[①]这些标准也被作为规范全球绿色金融业务的重要参考。中国在促进绿色金融发展方面采取的各项举措已成为全球绿色金融发展的风向标，中国亦是推动全球绿色金融发展的重要引领者和贡献者。

今后，为进一步扩大开放，中国将继续减少对海外投资的限制，不断完善外商投资准入负面清单，持续提高外国投资者在不同领域的持股比例，稳步推进金融与资本市场的有序开放。与此同时，中国一直注重发挥世界各国的比较优势，重视宏观经济政策的国际协调，致力于促进各国经济发展的战略对接，努力推动包括国际金融投资在内的各领域的合作发展。此外，中国非常重视金砖国家新开发银行、亚洲基础设施投资银行等新国际金融机构在国际金融治理中的作用，积极推动亚洲基础设施投资银行同亚洲开发银行、世界银行等多边金融机构实现优势互补、协调共进，通过以加强各国之间的互联互通和产能合作为突破口，巩固多边合作体系，助力相关国家和地区战略性项目的建设，构建多元伙伴关系，打造全球利益共同体。

（三）人民币国际化助力国际货币体系改革

人民币国际化的发展有助于激发主要国际货币对国际本位货币的

---

① 《二十国集团领导人杭州峰会公报》，载《中国经济周刊》2016 年第 36 期，第 98—105 页。

竞争，人民币成为新的国际货币将为国际货币体系的渐进式变革创造新的动力。人民币国际化是中国参与国际金融治理的重要组成部分，中国一直重视人民币国际化在全球各主要国际金融中心的发展进程，积极优化跨境人民币业务政策，扩大人民币结算业务规模，加快人民币投资便利化的进程，拓展人民币离岸业务。香港地区现已拥有全球最大的人民币离岸市场，能够提供丰富的离岸人民币产品。虽然人民币目前尚属于半自由兑换货币，即在经常项目下可以自由兑换，在金融与资本项目下仍不能自由兑换，但是，中国一直在积极推进金融开放和资本项目下的人民币可自由兑换，注重加强同各主权国家在国际货币基金组织、世界银行、国际清算银行、亚洲基础设施投资银行等多边金融机构中的合作，有序推进人民币的完全可自由兑换和资本市场的双向开放。

2008年中国出台的《关于进一步推进长江三角洲地区改革开放和经济社会发展的指导意见》提出，"选择有条件的企业开展人民币结算国际贸易的试点"；2009年发布《跨境贸易人民币结算试点管理办法》，开始在上海、深圳、广州、东莞和珠海五个城市正式启动跨境贸易人民币结算试点业务，人民币跨境收付信息管理系统（RCPMIS）也正式上线运行，人民币国际化迈出历史性的一步，之后跨境贸易下的人民币结算规模迅速增长，人民币在国际货币体系中的地位也显著提升。2010年，跨境贸易人民币结算业务在境内外的试点范围逐步扩大，并于2011年扩大至全国各地，业务范围也涵盖了货物贸易、服务贸易和其他经常项目的收支结算，同时允许跨境贸易人民币结算试点地区可以开展对外直接投资人民币结算业务，中国的证券市场也逐渐对海外人民币开放。2012年，中国在深圳前海设立了跨境人民币业务创新试验区，开始试点跨境贷款和鼓励外资股权投资基金进入深圳前海等。

2013 年,随着《人民币合格境外机构投资者境内证券投资试点办法》和
《关于实施〈人民币合格境外机构投资者境内证券投资试点办法〉的规
定》的发布,人民币合格境外机构投资者的机构类型和对资产配置的限
制不断放宽,并规定这些机构可以根据市场情况自主决定投资产品的
类型。2013 年 12 月,中国提出将在上海自贸试验区试点人民币跨境
使用和人民币资本项目可兑换等,2014 年正式推出人民币合格境内机
构投资者(RQDII)业务。2015 年中国成功上线运行人民币跨境支付
系统(一期),并允许境外央行类机构可以在中国境内银行开立人民币
结算账户。[①]2015 年以后,人民币对主要国际货币的直接交易业务日益
扩大,并逐步拓展试点更高水平的贸易投资便利化业务。2015 年 11
月,国际货币基金组织决定将人民币纳入特别提款权货币篮子,并于
2016 年 10 月 1 日正式生效,这是人民币国际化进程中的重要里程
碑——这一举措既表明人民币国际化步入了历史新阶段,中国在国际
金融治理中的话语权和影响力明显扩大,也有利于提高特别提款权的
代表性和影响力,对完善国际货币体系和国际金融治理机制具有积极
的促进作用。

近年来,中国还积极与各国开展货币合作——中国人民银行与外
国中央银行共同签订人民币清算合作备忘录、双边互换协议等——并
取得了良好的效果,积累了丰富的经验。截至 2019 年末,中国人民银
行已与 39 个国家和地区的中央银行或货币当局签署了双边货币互换
协议,覆盖全球主要发达国家和新兴经济体以及主要离岸人民币市场
所在地,其中"一带一路"沿线国家涉及 21 个;人民币清算安排覆盖了
25 个国家和地区,其中包括 8 个"一带一路"沿线国家。目前,全球已

---

① 人民币跨境支付系统(CIPS)二期于 2018 年 3 月 26 日投产试运行,并于 2018 年 5 月 2 日全
面投产运行。

有 70 多个国家的中央银行或货币当局将人民币纳入外汇储备的范畴，有超过 32 万家企业和 270 多家银行开展了跨境人民币业务，与中国发生跨境人民币收付的国家和地区多达 242 个。截至 2020 年，人民币已成为全球第五大支付货币、第三大贸易融资货币、第八大外汇交易货币和第六大储备货币，由此可见，人民币作为支付货币的功能不断增强，作为投融资和交易货币的功能持续深化，作为计价货币的功能有所突破，作为储备货币的功能逐渐显现。历经十余年，人民币国际化已经取得了长足的进步，中国未来的经济发展是决定人民币国际地位的经济基础，今后中国还将进一步推动人民币国际化，积极稳妥地持续深化人民币汇率形成机制改革，完善人民币汇率中间价报价机制，加大市场决定人民币汇率的力度，不断增强人民币汇率的弹性，促进资本市场的扩大开放，提高金融市场的国际化水平，助力国际金融治理的改革与完善。

（四）数字人民币引领央行数字货币发展

中国央行发行数字货币开创了货币史的新纪元。中国央行发行的数字货币是 Digital Currency/Electronic Payment（简称 DC/EP），即具有支付功能的数字货币。从狭义的货币定义上讲，通货具有最强的交易媒介功能，把数字货币（DC）与电子支付（EP）合称为数字货币，强调了该种数字货币的通货性质。因此，中国央行即将发行的数字货币可以定义为：数字货币是央行以加密电子符号作为主权信用货币之载体的通货。由定义可知：（1）数字货币是 M0 的替代品、是通货，与其他定义的货币没有直接关系；（2）数字货币是加密电子符号，与纸币通货等值，且具有同等的货币职能。人民银行从 2014 年起开始研究法定数字货币，在 2016 年搭建了中国第一代央行数字货币原型，同时提出 M0 定位、双层运营体系、可控匿名等基本特征。2017 年起，人民银行与商业银行、互联网公司等合作,共同进行数字人民币研发。2019 年末,数字人民币开始试点,目前包括十个城市及 2022 北京冬奥会场景。部分城市还推出了数字人民币绿色出行、低碳红包等使用场景。2021 年 7 月,人民银行发布了数字人民币白皮书。截至 2021 年 10 月 8 日,数字人民币试点场景已超过 350 万个,累计开立个人钱包 1.23 亿个,交易金额约 560 亿元(孙榕,2021)。

央行数字货币是货币史上具有里程碑意义的事件,将会对社会经济活动产生广泛而深刻的影响,它可能将使某些行业消失、某些商业模式变形,也会催生一些新的业态。数字人民币的设计和用途主要是满足国内零售支付的需求,提升普惠金融发展水平,提高货币和支付体系运行效率。当前,电子支付工具主要由私人部门提供,可能存在市场分割、隐私泄露等风险。中央银行数字货币(简称 CBDC)使得央行可以在数字经济时代继续为公众提供可信、安全的支付手段,在提升支付效率的同时维护支付体系稳定。

中国央行数字货币与去中心化的加密货币相比,无论在货币的法定地位,还是在技术上都是不同的。第一,央行的数字货币是主权信用货币。人民币作为主权信用货币的性质,不会因为央行发行数字货币有任何改变。第二,央行数字货币确保央行的中心地位。比特币之类的加密币采用挖矿方式产币,且没有唯一的发行机构,仅仅以区块链上的各节点保证系统的运行。显然,这与央行在货币体系中的中心地位是严重不相符的,主权信用货币是中央银行发行的,必须具有唯一性、主动性。货币发行权唯一性决定了央行的中心地位,央行决定货币的发行量,是根据经济运行发展的需要,不可能被动地等待软件产生货币。第三,数字货币采用的技术可以满足大规模快速结算的需求。区块链解决不了高并发的技术难题,多中心运行的结果是速度缓慢,无法满足现实经济活动大规模、快速结算的要求。央行数字货币根据中心化原则，采用央行和商业银行的双层结构模式，保证了央行与商业银行、商业银行与非金融经济主体之间传统的货币关系，央行依然处于"银行的银行"之地位。

人民银行愿与各国央行以及国际机构加强数字货币领域的合作。目前，中国人民银行已与国际清算银行、泰国央行、阿联酋央行等联合发起了多边央行数字货币桥（mCBDC bridge）项目，共同研究央行数字货币在跨境支付中的作用和技术可行性；与欧央行也就 CBDC 的设计开展了技术层面的交流。未来，中国人民银行将继续以开放包容的方式，与各国央行和国际组织探讨 CBDC 的标准和原则，在推动国际货币体系向前发展的过程中，妥善应对各类风险挑战。

二、FTA 战略深化中金融治理的中国范本

全球迎来新一轮科技和产业革命，金融科技成为数字化时代金融体系变革的关键驱动因素。自由贸易协定（简称 FTA）通过纳入更多金融科技规则实现了进一步深化，成为全球多边治理的主要模式。在中国 FTA 深化战略方面，应以 RCEP 签订为基础加入 CPTPP，全面构建 FTA 深化金融科技规则的"中国范本"，形成中国 FTA 金融科技条款优化路径，促进掌握新一轮全球金融体系变革和金融科技规则制定的主动权。

（一）FTA 战略深化下的金融治理

百年未有之大变局和新冠肺炎疫情全球大流行的交织影响下，外部经济不确定性提升，自由贸易协定成为双边及区域多边合作的主要共识和潮流。2001 年以来世界多边进程受阻，世界贸易组织多哈回合谈判停滞不前，上诉机构停摆导致争端解决机制失灵，越来越多 WTO

成员国加入相对更加灵活的自由贸易协定,FTA呈现典型的异质性分化和深化趋势。WTO框架推动投资便利化规则范围和深度不断扩展,但是针对资本的货币国际化、跨境资金兑换,促进互联网、区块链、大数据等技术标准化和保护规则方面,多边议题分歧大、利益难以协调统一。在自由贸易协定的深化趋势中,数字贸易与电子商务、金融科技规则及标准深化,不仅能够充分发挥贸易投资自由化便利化的贸易创造效应,更能促进数字金融、电子商务等金融科技新业态发展。伴随金融科技投融资、金融科技业务蓬勃发展,金融科技创造了新的生产方式和服务模式,降低了金融服务门槛成本、提高了金融服务效率,2021年全球数字支付规模已超35万亿美元,金融科技日益成为各国提升金融服务水平和金融竞争力的共同选择。

当前全球正迎来新一轮的科技革命和产业变革,金融科技作为数字化时代产生的金融创新,已经成为金融体系和金融机构变革的关键驱动因素。与此同时,中国自由贸易区战略以"扩围、提质、增效"目标深入推进,但中国自贸协定深化水平仍然较低,WTO＋深度条款覆盖率远高于WTO-X领域,在既有协定议题范围与规则深度方面亟待提升。"十三五"时期,中国已与26个国家和地区签署了19个自贸协定,外贸比重从2012年的12.3％提升至2020年的35％。在新发展格局下,加快实现自贸协定水平的深化,不仅能够有助于降低全球经济发展环境不确定性,提升国际经济循环的质量与全球经济治理能力,同时也能够显著促进中国金融科技新业态发展,筑牢中国经济高质量发展的内在动力与基础。尤其面对中美贸易摩擦常态化趋势,以及欧洲议会取消《中欧全面投资协定》的审议,中国区域性经济合作中的金融科技发展面临着全球新业态竞争规则的限制与约束。如何实现自贸协定深化尤其是金融科技条款规则的异质性深化,成为面向全球的高标准自由贸易区网络战略中,发挥金融科技发展的提促作用的关键。

(二) FTA 金融科技规则指标

针对 FTA 金融科技领域条款深化,该领域的条款可分为四种类型,投资条款、资本流动条款、技术贸易壁垒条款与知识产权条款。其中,(1)投资条款包括提供投资环境、促进投资自由化、提高投资保护以及促进投资便利化;(2)资本流动条款包括促进资本自由流入流出、提供免费转会的保障和审慎措施;(3)技术贸易壁垒条款包括 WTO 的《技术性贸易壁垒协议》(简称 TBT 协议),促进技术标准一致和合格化;(4)知识产权条款从商标、域名、专利、数据保护等方面提高协议的标准化和透明度。以上四种类型,可以进一步总结归类为促进金融领域发展的投资条款和资本流动条款,以及促进科技发展的技术贸易壁垒条款和知识产权条款。金融科技领域深度条款涵盖 34 个技术贸易壁垒条款、39 个投资条款、22 个知识产权条款、39 个资本流动条款共 134 个细分条款,包括 39 个子条款、10 个条款类别、4 个条款类型。

表 5-1　金融科技条款类型及分布

四种类型	条款类别	金融科技子条款内容	细分条款数	FTA 数量
投资条款	范围和定义	投资的定义	5	83
		投资者的定义	4	86
		否认的好处	1	56
		条约的范围	2	60
		保诚分离	1	7
	投资自由化	投资自由化的国民待遇	1	72
		最惠国	2	86
		性能需求	1	11
		高级管理层和董事会	1	70
		不可减损	1	30
		调度和预定	2	44

续表

四种类型	条款类别	金融科技 子条款内容	细分 条款数	FTA 数量
投资条款	投资保护	投资保护的国民待遇	8	71
		征用和补偿	5	71
		保护伞条款	1	6
		代位权	1	10
	投资促进	监管权	1	6
		技术合作及能力建设	2	47
资本流动条款	资本流动自由	转账自由	6	94
		资本流入	4	91
		资本流出	7	79
	免费转会	广泛排除	4	71
		保障措施	13	97
		审慎措施	3	96
		争议解决	2	77
技术贸易壁垒条款	WTO TBT 协议	TBT 协议	3	139
		标准	6	65
		技术法规	6	81
		合格评定	7	194
	争端解决	评论相关期限	2	70
		区域争端解决机构	4	124
		政策与援助	6	38
知识产权条款	现有国际 IP 协议	加入/批准现有国际 IP 协议	2	41
		透明度	2	15
	知识产权	商标(TMs)	1	6
		域名	1	0
		专利	1	12
		数据保护/保护秘密信息	4	23
		版权和相关权利	3	18
		执法	8	69

（三）中国 FTA 战略深化下金融治理对策与路径

在金融科技领域的四类条款中，整体来看知识产权条款的深化处于初步阶段，在商标、域名、专利等子条款中的数量均很少。目前中国投资条款深化的水平仍较低，仅与少部分国家达成了一定数量的条款，而与欧洲、澳洲等国家则很少有该类型的条款达成。同样，中国在知识产权领域的发展也尚有不足，与中国达成条款深化的国家多为发达国家，发展中国家则少之又少；但中国发展十分迅速，近十年条款数量增加了近七倍。

因此，针对金融开放领域，中国FTA战略深化应着重增强投资、知识产权和技术贸易壁垒等领域的条款细化，实现深度条款的垂直深化。具体来看，在投资条款中提高自由度，提供更为稳定的投资环境和更高水平的监管，从而为金融科技提供更多的投资来源，推动产业蓬勃发展；在知识产权条款中对新兴数字知识及产业等提供相同或更高层次的版权保护，激励企业进行金融科技技术创新。尤其是在投资、知识产权等领域，寻求与新的伙伴国签订更高标准的FTA，推动亚洲区域贸易与投资的融合发展，特别是中国与日韩及东盟地区的投资转移与区域内贸易发展。

进一步来说，我国应抓住机遇，坚持实施更大范围、更宽领域、更深层次、更高水平的对外开放，促进对外贸易高质量发展。其一，深化高标准的全球自贸区贸易自由化，应与国内自贸试验园区建设形成有机对接。自贸试验园区作为推进贸易便利化的有效工具，已经成为世界各国在全球范围内聚焦生产要素、参与国际分工及推动经济发展的重要手段。作为自贸试验园区建设的核心要求，贸易便利化、金融开放创新、事中事后监管、营商环境完善等领域的制度创新旨在形成开放型市场经济体系，这与当前蓬勃发展的自贸协定引领的国际投资贸易新规则的制定紧密相关。其二，为进一步自主推行投资自由化，我国应在未来FTA投资规则中纳入更为先进和开放的"准入前国民待遇加负面清单"条款。对此,我国应进一步平衡放宽外资准入与保护本国产业的双重目标,在区域层面形成符合我国国情和全球投资规则趋向的"负面清单"模板。既要进一步完善现有规则框架,增强准入前国民待遇及负面清单表述的规范性、准确性与针对性,增加外资特别管理措施的操作性和透明度;也要对重要性、敏感度及竞争力不同的行业采取不同的外资限制强度,最大限度地维护国家利益,为我国放开外资准入权的同时加强外资监管的有效性积累经验。

第六章　国际贸易和投资治理的中国方案

　　国际贸易和投资治理是全球经济治理的重要组成部分,是指各主权国家或国际组织为促进国际贸易和投资的自由化、便利化,各方通过协商谈判制定具有一定约束力和非歧视性的国际规则,推动国际贸易和投资的创新健康发展。各经济体之间应加强交流与合作,努力消除各类贸易壁垒,协调处理贸易投资纠纷,改善投资环境,提高贸易投资的自由化和便利化水平,推进多边和双边自由贸易协定的签订,建设和完善多边贸易投资体系,打造更高效的国际贸易和投资治理机制,力促全球经济治理新范式的形成与完善。

第一节　国际贸易和投资治理的理论与挑战

一、中国参与国际贸易和投资治理的历程

　　中国一向主张构建包容开放、公平透明、互利共赢的国际贸易和投

资治理机制,主动推动自由贸易试验区的建设,促进生产要素的有序流动,增强资源配置的有效性和国内外市场的高度融合,积极推进区域经济合作发展,努力创建面向全球的国际贸易和投资市场,促使世界各国实现互联互通和经济的联动增长。

（一）加强多边长期合作友好伙伴关系

中国坚定不移地支持发展开放型世界经济,积极构建可持续发展的多双边关系,妥善处理与各国之间的关系,提倡世界各国在开放中共享利益和发展机会,在包容合作中实现互利共赢。2015年12月,习近平主席在中非合作论坛会议上提出,"将中非新型战略伙伴关系提升为全面战略合作伙伴关系",并大力倡导中国企业积极投资于非洲地区的建设项目。中国还力促金砖国家之间的共建与合作。2017年8月在上海召开的金砖国家经贸部长会议强调,各国应努力提升国际投资的自由化、便利化程度,增加国际投资的透明度,并最终达成了《金砖国家投资便利化纲要》,以期促成区域投资治理的新框架,构建多元化的国际投资合作体系。

中美两国在国际贸易和投资治理方面有着广泛的共同利益,两国应该加强合作,发挥各自的优势,共同推动国际贸易和投资治理体系的改革与完善。2015年9月,习近平主席特别指出,中美两国应致力于构建中美新型大国关系。中美两国的经济贸易具有很强的互补性,有着广泛的合作基础,经贸合作有利于中美两国的互利共赢,2017年11月,习近平主席指出"经贸合作是中美关系的稳定器和压舱石"。中美两国应不断拓展经贸合作领域,扩大合作规模,提高合作水平,推动中美经贸关系朝着更加互惠互利、动态平衡的方向发展。中美两国须增强在宏观经济政策方面的沟通与协调,在基础设施建设、能源革新、"一带一路"沿线建设等领域进行深入合作,共同助力世界经济的增长。

中英两国都大力倡导开放市场，支持自由贸易区的建设，鼓励海外投资，两国的产业结构又具有很强的互补性，两国在"一带一路"战略框架内的合作潜力巨大。2015年10月21日，习近平主席在中英工商峰会的致辞中强调，中英两国的合作只有产生了实实在在的效果，才能更好地惠及两国的民众，双方应切实做好在对外贸易、高铁、核电、基础设施建设等方面的合作，建立长效合作机制，今后，中国将继续推进中英两国的中小企业合作，在鼓励中国企业进行海外投资的同时，也欢迎更多的英国企业到中国进行投资合作。

（二）积极拓展新型多边合作框架

截至目前，中国已通过 FTAs、双边投资协定（BITs）、APEC、WTO、G20等平台，广泛参与国际贸易和投资治理，协商和制定各类多边贸易投资规则，推动国际贸易和投资机制朝着更加公平、开放、包容和透明的方向发展，积极改善国际贸易和投资环境。与此同时，中国也在积极拓展新的运行机制与合作平台，并在新型多边合作框架中发挥着非常重要的引领作用，为中国参与国际贸易和投资治理营造更好的国际环境。

中国积极推动世界贸易组织的改革，促使世界贸易组织能够更加适应国际经济贸易格局的变化，协调不同经济体的利益诉求，为发展中国家和地区的经济增长及社会发展提供更多的支持与帮助，寻求各经济体之间的广泛合作，推动全球经济的复苏和持续稳定发展。为进一步提高国际贸易和投资的自由化和便利化水平，2017年，中国通过WTO平台成立了"投资便利化之友"，并得到了诸多世界贸易组织成员方的大力支持。截至2017年，已经有近二十个国家和地区加入了"投资便利化之友"。

中国还开创性地提出了"一带一路"倡议，设立"丝路基金"，进一步扩大开放,加强国际贸易投资,深化各国之间的交流与合作。"一带一路"战略秉承包容开放的合作发展理念,以"共商共建共享"为原则,通过各国之间的合作互鉴、优势互补,搭建开放型的交流合作平台,推进各经济体生产要素的有序自由流动,实现各国的互利共赢、共同发展,这一战略思想顺应了经济全球化的时代潮流,符合现代国家的社会发展需要。"一带一路"战略旨在集聚更多资源投入相关国家和地区的经济建设,促进各国之间的市场对接,构筑国际产业链的合作体系,拓展双向贸易投资,提高资源的有效配置,进而推动全球市场的融合发展,突破各国经济发展的瓶颈,实现世界经济的高质量均衡发展。

近年来,中国不断提高贸易投资的自由化和便利化水平,拓展对外开放领域,开拓更多的贸易投资渠道,加快发展对外贸易的新业态和新发展模式,积极推动"一带一路"沿线国家的深度合作,大力倡导中国企业的对外投资,扩大中国经济发展对世界经济增长的贡献。"一带一路"倡议并不排斥其他的区域合作机制,也不仅是经济层面的合作,更是完善全球经济治理体系和全球发展模式的有效手段,是推动世界经济长期健康发展的重要路径。目前,在各国的共同努力下,已基本形成了"六廊六路多国多港"的互联互通框架,启动并完成了多项合作项目。与此同时,"一带一路"倡议与东盟、欧盟、非盟、联合国等多个国际组织的合作规划进行对接,充分考虑"一带一路"沿线国家和地区的发展需要,有计划地进行战略性合作安排。经过多年的共同努力,"一带一路"倡议从亚欧大陆到非洲、美洲、大洋洲,不断开辟合作共建新天地,创建国际贸易投资新平台,有效带动了周边国家和地区的经济增长,并为完善国际贸易和投资治理体系作出巨大贡献。实践证明,各国共建"一带一路"不仅为相关国家提供了新的发展机遇,也极大地促进了全球经济的稳定增长。

（三）制定国际贸易和投资治理新规则

G20 峰会是发达国家和新兴市场国家共同参与全球经济治理的重要平台，在 G20 峰会框架下，中国主动创新更加高效的国际贸易和投资治理模式，推动国际贸易和投资的自由化和便利化，为国际社会积极提供更丰富的公共产品，主动践行为应对气候变化、保护环境而达成的减排等协议，全球经济治理由危机治理机制逐渐转为长效合作机制，这也标志着中国开始成为国际贸易和投资治理的重要建设者和贡献者。G20 杭州峰会将会议主题确定为"构建创新、活力、联动、包容的世界经济"，并将"创新发展"和"包容性增长"引入新全球经济治理框架，希望以此引领全球经济治理的理念与潮流。G20 杭州峰会通过的《二十国集团创新增长蓝图》为实现全球经济的长期稳定增长提供了可行性路径；会议达成的《二十国集团全球贸易增长战略》和《二十国集团全球投资指导原则》旨在促进 G20 国家能够就贸易投资问题进行对话与合作，这充分体现了中国努力构建和维护多边贸易体系以及更加包容和公平的国际投资新秩序的决心与信心；《二十国集团落实 2030 年可持续发展议程行动计划》则更加注重国际宏观政策协调，深化各国之间的互利合作，以更好地解决全球经济的均衡发展问题。

中国提出的"一带一路"倡议不仅丰富了国际贸易和投资治理的多边合作内涵，也为促进全球经济增长、实现各国共同发展拓展了新渠道。中国引领创建的亚洲基础设施投资银行改善了这些国家的贸易投资环境，也为"一带一路"沿线国家创造了更多的就业机会，有利于提升这些国家的中长期经济增长水平，促进全球的共同进步与发展。亚洲基础设施投资银行通过创新发展理念和机构治理模式，提供更加灵活多样的融资方式，促进"一带一路"沿线国家的互联互通，推动发展绿色经济，为全球经济增长提供新动力。

为促进绿色经济发展,保护生态环境,各国在推进能源的清洁化和低碳化方面也达成了共识,"碳中和"已成为世界各国追求的共同目标,中国也是其中重要的倡导者和实践者。为降低经济发展对资源的依赖性,中国提出将在 2030 年以前实现"碳达峰"目标,提高能源效率,加快发展新能源,大幅提升非化石能源在能源供应中的比例,优化能源结构,并建设全国"用能权"和"碳排放权"交易市场,双管齐下控制能源消费,为促进全球经济的高质量增长贡献自己的力量。在碳中和和碳达峰的政策影响下,未来还将产生新的国际分工和国际合作,进而促使形成新的全球产业链和价值链,在此过程中,中国也将扮演非常重要的角色。

目前中国已拥有全球最活跃的数字支付和数字化投资市场,数字经济的发展对中国经济增长的贡献度日益扩大,G20 杭州峰会通过的《二十国集团数字经济发展与合作倡议》是全球首个由多个国家领导人共同签署的与数字经济发展有关的指导性文件,对电子商务、数字包容性发展等多个领域的合作作出了规定,开启了全球数字贸易投资治理的新征程。此外,中国还通过 APEC、FTAs、WTO 等国际组织和合作论坛,加大各国在数字经济发展方面的合作,积极打造自由和开放的数字贸易投资市场,进一步提升全球数字经济的治理水平。

二、国际贸易和投资治理的理论发展

(一)国际贸易理论发展

亚当·斯密(Adam Smith,1776)最早用"绝对成本理论"解释贸易产生的原因,认为国际贸易的根源在于不同国家之间的技术和生产效率的绝对差异。大卫·李嘉图(David Ricardo,1816)基于比较成本理论,将国际贸易的产生归因于贸易国之间存在着技术与机会成本方面的相对差别。赫克歇尔和俄林(Eli F. Heckscher,Bertil Ohlin,

1933)则从供给的角度探讨了国际贸易产生的原因,各国生产要素禀赋丰裕程度的差别导致了各国生产要素价格的差异,使得具有相同要素构成比例的同一种产品在不同国家具有不同的生产成本,由此国际贸易得以产生。其提出的"要素禀赋理论"指出,在技术水平等条件不变的条件下,一国应进口本国稀缺且被密集使用的生产要素生产的产品。由此可见,传统国际贸易理论强调国际贸易产生的基础源于生产技术和要素禀赋存在的差异性。

第二次世界大战后,各国的产业内贸易日益增加,这与传统的贸易理论相悖,与此同时,20 世纪 70 年代以来,新产业组织理论又为处理"不完全竞争"提供了分析框架,基于此,以 Krugman(1979)为代表的新贸易理论将 D-S 模型纳入开放经济模型,进一步运用产品差异化和规模经济解释不同国家间的产业内贸易模式。由于各国消费者对不同产品偏好的多样化需求,同类的异质性产品可以满足不同消费心理、消费欲望和消费层次的消费者需求,从而促使产业内贸易的发生与发展。

传统贸易理论和新贸易理论均从国家或产业层面入手,其模型中的企业是同质的、无差异的,无法解释国际贸易中的更为微观层面的诸多现象,譬如为什么在同一产业内,有的企业从事出口,而其他企业仅仅涉足于国内市场。随着企业内贸易的兴起,以及现实所观察到的企业生产率、出口参与度和参与方式等多维异质性,以 Melitz(2003)为代表的异质企业贸易模型和以 Antras(2003)为代表的企业内生边界模型得到了长足发展,以企业的国际化路径抉择以及企业的内部化抉择为分支的新新贸易理论由此诞生。一方面,该理论解释了企业的国际化路径抉择,既包含企业的国际化决策,即企业是否进入国际市场;也阐释了不同企业的国际化战略,即企业应采取何种方式(对外直接投资、产品或服务外包、出口等)参与国际经济活动。另一方面,该理论还探索了企业全球组织生产的策略,主要解释了企业选择企业内贸易、市场交易还是外包形式进行资源配置的决定因素。

(二) 国际投资治理理论发展

国际直接投资理论自 20 世纪 60 年代开始自成体系,尤其在二战以后迅速发展,并在学术界引起了广泛的关注。1960 年,美国经济学家海默(S. H. Hymer)基于产业组织理论,以不完全竞争为前提,根据企业特定的垄断优势进行对外直接投资,首次提出了垄断优势理论,该理论指出跨国公司凭借自身所具有的产品市场不完全、生产要素市场不完全以及内外部规模经济等垄断优势进行直接投资,并且决定了投资的流向和多寡。随后,雷蒙德·弗农(Raymond Vernon)认为信息成本、劳动力成本等是国际直接投资产生的主要原因,为阐释国际直接投资的动机、时机以及区位选择等提出了产品生命周期理论,指出产品生命周期可以划分为产品创新阶段、成熟阶段和标准化阶段。

20 世纪 70 年代中后期,日本经济学家小岛清则基于国际分工的比较优势理论提出了比较优势投资理论,又称其为边际产业扩张论或小岛清模式。其核心观点是,对外直接投资应该从本国已经处于或者即将处于比较劣势的产业或边际产业依次进行,该理论主要阐明了日本直接投资的主要特点,也较好地阐明了亚洲经济体发展的"雁型模式"。英国学者卡森(Mark Casson)和加拿大学者拉格曼(A. M. Rugman)以市场不完全为前提,在科斯(Ronald Coase)提出的"内部化"基础上形成了国际直接投资的内部化理论,不同于先前的投资理论,内部化理论表明了各国企业之间的产品交换形式、企业国际分工与生产的组织形式,将市场建立在企业内部,以内部市场取代外部市场,较好地

阐明了跨国公司的起源、性质以及经营现象。随后,英国学者邓宁
(J. H. Dunning)在吸收并融合产业组织理论、厂商理论和金融理论等
国际生产理论的基础上,结合区位理论形成了更为系统综合的国际生
产折衷理论,其核心观点是企业自身的所有权优势、内部化优势以及区
位优势综合作用决定了企业的国际直接投资。

随着跨国公司的不断发展,学术界又对国际直接投资理论进行了
相应的修正和完善。出于克服以往投资理论的不足,西方学者提出了
投资诱发要素组合理论,即所有的对外直接投资都是投资活动直接和
间接诱发要素组合作用的结果。通常而言,直接投资要素一般包括劳
动力、资本、技术、人员管理以及信息等,间接投资要素包括投资国鼓励
性的政策与法规、东道国良好的投资环境等。波特(Michael E. Porter)
提出的竞争优势发展竞争理论将国家竞争的发展分为要素驱动、投资
驱动、创新驱动以及财富驱动四个阶段,并指出一国的竞争优势不是一
成不变的,而是动态的、可变的,一国内部企业之间的激励竞争将促使
企业自身竞争力的提升。20 世纪 80 年代又出现了跨国公司全球战略
理论,该理论从微观企业角度,在世界范围内统一协调配置企业的内外
部资源,调动所有有限的资源,实现生产活动的一体化和专业化,以追
求全球范围内的最大限度收益。后来,基于企业的自身资源,跨国公司
企业资源理论应运而生。该理论从资源角度分析其资源定位、资源与
业绩、战略选择以及竞争优势等,指出资源是跨国公司进行国际投资的
主要原因。

三、国际贸易和投资治理的困境与挑战

贸易是推动经济增长的重要引擎,各国应鼓励全球自由贸易和
投资,通过扩大开放和深化合作,推进国际贸易和投资的自由化、便

利化,支持构建开放、包容和非歧视性的多边合作贸易体制,反对任何形式的单边主义和贸易保护主义,不断完善以世界贸易组织规则为基础的多边贸易体系,提高国际贸易和投资的公平性和透明度,增强多边协调机制的有效性和权威性。国际贸易投资治理应该通过构建开放、透明、包容的国际贸易和投资治理体系,巩固多边贸易合作体制,充分挖掘国际贸易和投资的合作潜力,共同努力增进全人类福祉。

（一）多边贸易合作机制受到挑战

国际贸易与投资治理须以不同国家的共同利益为价值导向,与多边主义所具有的理念价值高度吻合,多边贸易体制是实现世界贸易自由化、全球投资便利化的重要制度保障。近年来,受各国经济复苏以及贸易利益分配不均的影响,贸易保护主义层出不穷,世界进入贸易争端的高发期,其中以美国的保护主义倾向最为严重,不仅对《北美自由贸易协定》(NAFTA)进行重新磋商,甚至利用"232 调查""301 调查"等手段进行贸易保护。在百年未有之大变局中,公共产品供给不足与多边贸易投资治理机制反应迟缓、功能失灵等问题暴露,有的国家奉行保护主义和单边主义,退出了一些全球合作机制,单边主义抬头的不良趋向冲击了多边贸易合作机制,给国际贸易与投资治理造成巨大冲击,不利于全球经济的稳定发展,国际贸易与投资治理改革完善的紧迫性和重要性凸显。

对外贸易是推动中国经济发展的重要力量,是拉动经济增长的"三驾马车"之一。改革开放以来,我国对外贸易获得高速增长,2013 年,我国成为世界最大的货物贸易大国,有数据显示,货物贸易和服务净出口对我国 GDP 的贡献率高达 19.6%,外贸带动的就业人数高达 1.8 亿人,外贸带来的税收占全国税收总额的 18% 左右,外贸在中国经济中的重要地位不容小觑。与此同时,美国与中国、欧盟、日本、加拿大等主要贸易伙伴之间的贸易摩擦不断升级,严重冲击了国际贸易和投资的信心。多边主义体现了平等、互利、开放的原则,对于维护全球发展和稳定具有重大意义,全球治理困局呼唤重振多边主义。世界贸易组织认为多边和区域的关系是可以互补的,但前提是多边贸易体制应是基础,全球经济治理需要多边贸易体制,多边贸易合作需要各国进行真诚的政策对话。

(二)国际贸易和投资治理规则缺乏公平性和普惠性

国际贸易和投资治理体系未能充分反映全球经济格局的新变化,各经济体之间的权利和义务不对等,新兴经济体以及发展中国家和地区的发言权和代表性有待提高。当前,新兴经济体已经成为推动全球经济增长的中坚力量,在国际贸易和投资治理中发挥着极其重要的作用,但是,在现行的国际贸易和投资治理的权力结构和机制体系中,新兴经济体一直处于弱势地位,这很难匹配其快速增长的经济实力。

进入 21 世纪以来,在国际贸易和投资治理中,美国等西方一些发达国家仍无视以中国为代表的新兴市场国家为世界经济增长所作出的贡献,过分强调发展中经济体等全球经济治理的后来者应承担的义务,发达经济体与发展中经济体之间的权利失衡、利益损益不均等问题凸显,国际贸易和投资治理规则缺乏公平性和普惠性,各国之间的宏观政策协调不足,进而导致不同经济体的经济发展越加失衡。传统的国际贸易和投资规则的制定大多由欧美等主要发达国家主导,更有利于发达国家的经济建设和社会发展,新兴经济体以及发展中国家和地区的利益无法得到足够保障。新时期的国际贸易和投资治理规则应充分考虑不同经济体的权利和利益诉求,使各个国家都能平等地享有治理机制中的制度红利。

（三）国际贸易和投资治理规则缺乏系统性

国际贸易和投资治理中的制度设计存在碎片化、零散化现象，缺乏统一的系统协调，不同国际组织制定的协议条款存在一定的冲突或者叠加，这不仅增加了国际贸易投资治理的难度，而且严重影响了国际组织的权威性和治理体系的有效性。而且，国际贸易和投资规则滞后于社会经济活动的发展变化，无法满足新业态、新生产模式的要求。随着经济一体化的不断深化，中间商品在跨境贸易中的占比逐渐加大，中间商品的通关时间、物流效率等可能会成为新的贸易障碍，现行的国际贸易规则对于这些问题没有作出明确规定。为适应经济一体化的新发展需要，提高全球运营效率，有必要补充、完善国际贸易和投资规则，推进跨境流通的自由化和贸易投资的便利化。

随着贸易投资方式的变化与发展，不同国家的宏观经济政策和跨境监管制度需要进一步协调，为防止国际贸易和投资治理陷入更严重的困境，优化各国的营商环境和国际贸易投资规则成为必然的选择。

第二节　开放透明的全球贸易和投资治理格局的中国方案

一、构建新时代多边贸易和投资治理体系的中国实践

世界各国是相互依存、彼此促进的利益共同体，各国应加强团结协作，避免对抗和冲突，坚持开放包容，确保各个国家能够实现平等发展、合作共赢。中国积极倡导各国应该打破桎梏，消除各类贸易壁垒，促使更多国家达成更广领域、更高水平和更深层次的开放与融合。在国际

贸易和投资治理体系中，中国逐渐由最初的被动参与者转为积极的主动参与者，现又成为重要的创新引领者，是新型国际贸易和投资治理机制的重要建设者和贡献者。

（一）开拓对外开放和贸易投资合作新局面

近十年来，中国逐步放宽对外开放政策，持续加大对外开放力度，扩大自由贸易试验区的建设，营造更加规范透明、宽松有序的对外贸易环境，优化营商投资环境，促进市场的公平开放竞争，推动对外贸易的多元化、高质量发展，努力构建面向全球的自由贸易区网络。

中国一向坚持扩大开放、贸易强国的政策。2013 年以来，中国以建设自由贸易试验区为契机，实行更高水平的国际贸易和投资自由化、便利化政策，全面实施准入前国民待遇和负面清单管理制度，大幅放宽市场准入限制，赋予自由贸易区更大的改革自主权，积极培育贸易的新业态和新发展模式，扩大对外贸易规模。2013 年中国在上海设立了首个自由贸易试验区，2014 年又陆续在天津、福建和广东分别建立自由贸易试验区，2016 年自由贸易试验区的创建已经扩展至浙江、四川、重庆、辽宁、湖北、河南、陕西等，与此同时，中国不断修订和完善自由贸易试验区的市场准入负面清单，逐步推行全国统一的市场准入负面清单管理制度。之后，中国又持续深化自由贸易试验区的改革创新，探索不同模式的自由贸易区建设，充分发挥自由贸易区在金融开放中的作用。一方面，中国不断创新对外开放的模式，逐步推进海南自由贸易港的建设，尊重国际营商惯例，打造更加优良的营商环境，促成更高层次的改革开放新格局；另一方面，中国加快出台和完善外商投资方面的法律规定，提高涉外法律体系的公开性和透明度，坚决依法惩处任何形式的侵犯知识产权的行为，引入惩罚性赔偿机制，确保外资企业的合法权益不受侵犯。

在 2017 年亚太经合组织领导人与东盟领导人的对话会议上,习近平主席指出,中国将加强发展在国际经济政策协调中的地位,积极参与制定对外贸易和投资规则、数字经济发展和知识产权保护等,为各国创造更多的共同发展机遇,为全球经济增长提供更强劲的动力。在 2018 年首届中国国际进口博览会开幕式上,习近平主席特别指出,中国会持续放宽市场准入限制,进一步激发国内的进口潜能。中国顺应国内的消费需求,通过每年一度的进口博览会,深化与世界各国在贸易投资领域的合作,释放国内市场的活力,扩大开放、增加进口。为进一步扩大进口空间,中国实行积极的刺激政策,采取切实有效的措施,切实增加国内居民收入,提升居民的消费能力,着力培育新的中高端消费增长点,努力激发国内市场的潜力,主动拓展贸易投资新领域。

(二)创新国际贸易投资多边合作模式

各国经济相互依存,全球的产业链、供应链和价值链紧密相连,世界各国都是全球经济合作链条中的重要一环,多边贸易合作机制能够为全球经济增长带来共同的发展机遇。中国一直支持多边贸易合作机制,不仅坚持引进来,而且注重走出去,倡导"一带一路"沿线国家坚持开放包容、合作共享,积极发挥基础设施互联互通的辐射效应,以带动周边地区和发展中国家深入参与全球价值链,实现海路和陆路的内外联动。

中国一直秉承对外合作的发展理念,主动与各个国家加强合作,维护开放型世界经济的发展,努力搭建多层次、多领域的交流平台,创造有助于各国经济实现互利共赢的市场环境,促使各生产要素在国际有序流动,提高资源配置效率,促进各国市场的高度融合。中国一向积极参与国际分工,全面融入全球的产业链、供应链和价值链,坚持"共商共建共享"的多边合作原则，全力支持多边贸易体制，创建"丝路基金"，引领建设"一带一路"，以积极的姿态参与全球经济治理改革，谋求与世界各国在政策实施、规则制定等方面的融通，强化各国在科技创新、基础设施建设、贸易投资、产业改革等领域的合作，力促构建更加公平、公正、透明、合理的国际贸易投资治理体系。

中国主张各国要加强国际协调，加快协商签订自由贸易协定和投资协定，完善国际贸易投资治理机制，积极推进区域全面经济伙伴关系的谈判，并在扩大开放中共享发展机遇，各国实现互惠互利、合作共赢。一方面，中国积极推动多双边经济的深入合作发展，坚决维护包括世界贸易组织规则在内的多边贸易规则；另一方面，中国全力支持对国际合作组织进行必要的改革，创新引领构建亚洲基础设施投资银行，促使国际合作机制发挥更大的作用。各国应努力寻找更多的利益契合点，因地制宜地深化在产能方面的合作，将各国的经济互补优势转化为可见的合作成果。世界各国在加强能源类资源合作的同时，还须拓展非资源领域的合作，努力打造结构更加优化、条件更加便利的多边贸易合作新格局。中国通过"一带一路"推动亚洲地区重大基础设施项目的建设，创建更多的对外贸易合作平台，吸引更多信誉好、有实力的国家和地区进行投资合作。各国应深化在生态环境、科学技术、文化教育和社会民生等方面的交流与合作，构筑更高水平、更广泛领域的合作发展平台，引导国际贸易和投资治理朝着更加公平、公正、合理的方向发展。

（三）激发多边贸易和投资治理合作新动能

多边主义制度体系被视作全球经济治理的基石，通过建立有约束力的国际制度，提供国际公共产品也已成为全球经济治理应循的基本路径。倡导和践行多边主义，不仅是中国的坚定立场，也是世界绝大多数国家的共同选择。在各国利益交汇融合、命运休戚与共的当今社会，多边主义是大势所趋,世界绝大多数国家都支持多边主义理念和实践,反对由一国包揽国际事务、主宰他国命运。多边主义不仅是合作工具,而且是多方参与全球和地区治理的重要方式,即以协商、对话等方式处理公共问题和区域性复杂问题。

2010年,中国超越日本成为全球第二大经济体,中国当年的对外贸易总额高达2.97万亿美元,成为仅次于美国的世界第二大贸易国。其中,出口贸易额达1.58万亿美元,占全球贸易出口额的10.4%,名列世界第一;进口贸易额达1.4万亿美元,占全球贸易进口额的9.1%,名列世界第二。2013年,中国的进出口总值为4.2万亿美元,扣除汇率因素,同比增长7.6%,其中,出口总值增长了7.9%,进口总值增长了7.3%,中国已成为全球第一大贸易国。①中国的经济增长受益于经济一体化和经济全球化,中国也愿为世界各国提供更多的公共产品,推动国际贸易和投资治理模式的革新。如前所述,中国积极参与制定双边、多边和区域等不同层面的贸易投资治理规则,创新引领新的国际贸易投资机制,通过"一带一路"、亚洲基础设施投资银行等提升中国对外开放和海外投资的深度和广度,并在此基础上提供各类国际公共产品,全力促进发展中国家和发达国家的利益协调。

"一带一路"倡议是中国主动引领国际贸易和投资治理所提出的首个方案,将"共商共建共享"的理念贯穿于国际贸易和投资治理,积极提倡区域融合、互利共赢,大力推动区域内贸易、技术和投资等方面的协同发展,努力推进多国之间的互联互通,力促国际资金融通和贸易投资畅通,提高区域之间的贸易和投资的自由化、便利化水平,助力全球经济的可持续增长。长期以来,"一带一路"沿线国家存在的比较大的问

---

① 数据来源于国家统计局。

题即是基础设施建设落后，交通运输非常不便，这严重制约了这些国家的经济发展，"一带一路"倡议符合这些国家和周边地区的经济发展需要。由中国设立的丝路基金和引领创建的亚洲基础设施投资银行为"一带一路"沿线国家和地区的经济发展提供了必要的资金支持，有利于这些国家加快建设基础设施，助推"一带一路"沿线国家和周边地区形成互联互通，推动建设开放型世界经济，有效促进区域经济一体化和经济全球化的进一步融合与发展。

基于现阶段国际经济环境的变化，立足本国经济的发展现状，党的二十大报告指出："加快构建以国内大循环为主体、国内国际双循环相互促进的新发展格局。"中国积极创建开放包容、相互促进的国际国内双循环模式，通过创建新发展格局，进一步释放国内市场潜力，为其他国家创造更多的市场需求，促进国际间的经济合作和机遇共享，进而刺激世界经济的发展。在当前的国际贸易和投资治理体系中，中国是至关重要的建设者和贡献者，今后中国还将继续积极参与制定各类国际合作规则，坚决支持自由贸易和多边合作机制，不断提高贸易投资的自由化和便利化水平。

（四）人民币跨境支付系统为国际贸易投资提供清算支持

人民币跨境支付系统（Cross-border Interbank Payment System，简称 CIPS）是专门服务于人民币跨境支付清算业务的批发类支付系统。随着跨境人民币业务各项政策相继出台，跨境人民币业务规模不断扩大，人民币已成为中国第二大跨境支付货币、第二大贸易融资货币。人民币跨境支付结算需求迅速增长，对金融基础设施的要求越来越高。为满足人民币跨境使用的需求，进一步整合现有人民币跨境支付结算渠道和资源，提高人民币跨境支付结算效率，建设独立的人民币跨境支付系统，完善人民币全球清算服务体系成为必然要求。CIPS 的建立标志着人民币境内支付和境外支付统筹兼顾的现代化支付体系取得重要进展,除顺应市场需求外,我国还将进一步推动人民币在全球的使用,为其成为真正的国际货币铺平道路。

2011年,跨境贸易人民币结算量超2万亿元,跨境直接投资人民币结算量超1 100亿元。2012年初,中国人民银行决定组织建设CIPS,满足全球各主要时区人民币业务发展的需要。2015年,为进一步整合人民币跨境清算渠道,提高人民币跨境支付结算效率,中国人民银行加速推进CIPS的构建。2015年10月8日,CIPS(一期)顺利投产,重点建立符合国际标准和通行做法的整体制度框架和基础性安排,采用实时全额结算模式,支持客户汇款和金融机构汇款等支付业务,较好地满足了全球各主要时区跨境人民币贸易、投融资业务等结算要求,便利了人民币在全球的使用。

2018年3月26日,CIPS(二期)投产试运行,10家中外资银行同步试点上线,进一步提高了人民币跨境资金的清算、结算效率。截至2018年3月底,CIPS共有31家境内外直接参与者,695家境内外间接参与者,实际业务范围已延伸到148个国家和地区。2018年5月2日,CIPS(二期)全面投产,系统运行时间将实现对全球各时区金融市场的全覆盖,满足广大用户的人民币业务需求。截至2019年末,CIPS共有33家直接参与者,903家间接参与者,业务实际覆盖167个国家和地区的3 000多家银行法人机构。到2022年,CIPS处理业务440.04万笔,金额96.70万亿元,同比分别增长31.68%和21.48%;日均处理业务1.77万笔,金额3 883.38亿元。

(五)推动共建创新、开放、联动发展的经济新格局

1. 以创新驱动为引领,激发经济增长活力

创新是社会进步的动力,是经济增长的活力源泉,各国应特别重视

创新在社会经济发展中的作用，大力提倡和鼓励创新，保护和尊重创新的积极性，在全社会营造勇于创新、乐于创新、精于创新的良好氛围，推进经济活动中的制度创新、科技创新和市场创新等。在国际政治经济格局发生巨大变化的时代背景下，我们必须具备创新意识，实施创新驱动社会发展战略，积极革新管理制度和经济增长模式，努力探寻新经济增长点。各个国家应结合当前世界经济发展所面临的突出性问题，创新宏观经济调控政策，加大国际创新合作，注重各国货币政策的协调，通过创新发展有效促进不同国家之间的互联互通，并将宏观调控政策与经济结构改革进行有机结合，以实现全球经济的高质量发展。

当前，随着高新技术的发展，智能制造、信息技术和绿色能源等都取得了巨大突破，各国的新材料、新产品和新业态的迭代周期不断缩短，世界各国应积极探索推动经济发展的新动能，排除不利于创新活动的制度性障碍，加强各国在创新发展方面的沟通与交流，增进在基因科技、航空航天、新能源开发等领域的合作共建，激发微观经济主体的创新潜能，共同推动社会创新，共享各国创新成果，充分释放市场活力，以有效应对全球经济发展所面临的挑战。

首先，各国应确立创新发展理念，积极改进货币政策和财政政策的调节手段，主动推动经济结构的深化改革，释放社会经济活力，开辟经济发展的新路径，拓展经济增长空间。新一轮的产业革命和数字经济的发展等为全球经济的增长带来新的发展机遇，各国应抓住这一历史性机遇，不断创新经济增长方式，努力培育新产业、新业态和新经济增长领域。在杭州召开的 G20 峰会通过《创新增长蓝图》，对各国的改革创新制定了具体的行动方案。该方案指出："各国应以创新促发展，转变发展理念，优化创新环境，加强宏观经济政策协调，推动社会经济的结构性调整和产业革新,集聚创新资源,以激发全社会的创造力,促进社会经济的革新,增强市场活力,创新发展路径,改变经济增长方式,提高全要素生产率,挖掘各国经济增长的内生动力,拓展世界经济的发展空间。"

其次,各国应及时准确把握不同领域的创新动向,深入实施"科技兴国、科技强国"战略,促进创新成果与社会经济活动的高度融合,充分发挥科技创新对各国经济增长的推动作用。近几年来,数字技术、信息技术、人工智能、新能源和新材料技术等发展迅速,数字经济更是取得了长足发展,人们的生活方式和生产方式发生了巨大改变。在此背景下,各个国家应及时调整发展战略,顺应新技术变革带来的各种变化,并充分利用这些新变化对社会经济活动所产生的积极影响,挖掘社会发展潜力,激发社会经济活力,增强经济增长动力,扩大创新成果对各国经济增长的正效应,努力促使全球经济实现可持续增长。

最后,各国应积极探索创新驱动在不同领域的联动效应,主动优化贸易投资机制,通过技术革新、产业革新和制度革新等,挖掘经济增长新动能,改善贸易投资模式,拓展国际贸易和投资的合作空间,创新经济增长方式,增强世界经济增长的稳定性,提高社会经济的增长水平。近年来,中国不仅注重激发国内不同地区和不同领域创新驱动的联动效应,努力促成高层次的行业互动和区域协调发展,而且重视不同国家之间的创新互动和融合发展,积极搭建合作平台,致力于推动相关国家互融互助、优势互补,以促进全球经济的良性互动、合作共赢。

2. 打造对外开放新高地,谋求全球经济合作发展

由于各国所处的发展阶段不尽相同,在经济过程发展中所面临的问题也会有所差异,各国应本着相互尊重的原则,平等协商、扩大共识、

求同存异,致力于推进"共担共治、合作共赢"的共同开放,以应对世界经济发展所面临的各类挑战,维护全球经济的长期稳定增长。中国积极倡导各国应坚持以开放包容、创新发展为导向,努力打造更多元化的对外开放新格局,拓展各国经济发展空间,探寻经济的新增长点,促进全球经济的交融互动和持续增长,完善全球经济治理体系。

近年来,中国持续优化区域开放布局,对外开放领域逐渐由沿海沿江拓展至内陆,后又延伸至沿边地区,不断扩展开放渠道,加大中西部地区的开放力度,逐步形成了海路陆路的内外联动和东西方互鉴共济的对外开放新格局,努力打造更深层次的多元化对外开放新局面,积极构建更高水平的新型经济开放体制,进而促进经济的高质量增长。多边贸易体制和区域经济合作是推动全球经济增长的有效路径,中国一贯主张世界各国应主动创新经济合作机制,积极构筑多边交流和共治平台,巩固包容合作的多边贸易投资体系,激发各国经济的凝聚力和发展潜力,增强经济活力,为全球经济营造更加广阔的发展空间,促进世界各国的开放融合发展。

实践表明,近些年中国不断以开放促改革,推出了一系列深化改革、扩大开放的配套措施,包括持续缩减外商投资准入负面清单、全面推行外商投资法及相关实施条例、建设海南自由贸易港、扩大上海浦东和深圳的对外开放、推进服务贸易创新发展、深入推动金融市场开放等,大大提升贸易和投资的自由化和便利化水平,主动与更多国家协商签订高标准的自由贸易协定,积极参与构建和完善双边或多边区域贸易和投资合作体系,努力创建更高水平的开放型经济体制。特别是2015年以来,中国不断强化简政放权,逐步完善外商投资准入前国民待遇加负面清单的管理制度,依法确保外资企业的合法权益,有序扩大服务业的对外开放领域,稳步打造市场化、法治化和国际化的营商环境,持续提高中国的对外开放水平。2018 年以后,中国又积极探索建设海南自由贸易港,坚持以制度创新为核心,加快推进海南高新技术产业、现代服务业和旅游业的发展,采取更加灵活高效的政策措施和监管制度,改善贸易和投资环境,推动对外贸易、投融资活动以及金融市场的进一步发展,构建更加开放和国际化程度更高的市场环境。与此同时,中国注重加强海南与"一带一路"沿线国家的交流与合作,搭建多层次、多领域的沟通平台,努力促使海南成为"21 世纪海上丝绸之路"的战略要塞。在扩大开放的同时,中国还积极创新对外投资模式,深化与不同国家的产能合作,力促达成面向全球的国际贸易和投融资活动,加快培育新的国际竞争优势,重塑世界经济发展格局。

为了推动全面扩大开放,促进国际贸易和投资的创新发展,近年来中国主要采取了以下措施。第一,进一步降低关税,减少进口环节,缩减进口成本,激发国内消费潜能,充分发挥消费对经济增长的促进作用。中国通过刺激消费扩大进出口贸易规模,推动国际贸易和投资的深入发展,创建开放程度更高、更具活力的贸易和投资市场,设立"进口贸易促进创新示范区",增加进口高质量的产品和服务,拓展经济发展空间,为全球经济的高质量增长提供强有力的支撑。第二,主动扩大对外开放领域,大力提升对外开放水平,积极构建多层次、全方位的新开放格局。中国在稳步推进各自由贸易试验区和海南自由贸易港建设的同时,继续推动长江经济带和长三角区域一体化的发展,加快建设粤港澳大湾区,促进京津冀地区的协同发展,增强对外开放与各地经济发展之间的联动效应。第三,深化改革对经济发展有重要影响的关键领域,着力解决制约经济增长的瓶颈问题,激发贸易和投资的市场活力,提升国家的经济治理能力。中国继续改善经济管理体制,加快发展贸易投资新业态和新模式，逐步扩大服务业的对外开放，提高社会不同领域经济活动的国际化、市场化和法治化水平，促使社会经济实现可持续发展。

3. 优化多元合作机制，促进全球经济联动发展

当今世界"你中有我，我中有你"，各国的经济发展密不可分，我们须顺应时代潮流，遵循经济发展规律，在经济一体化的时代背景下主动作为，重视各国经济活动的共振及其辐射效应，加强国际宏观经济政策协调，通过各国经济的深度融合互动，有效促进全球经济的持续稳定增长。各国既要关注宏观经济政策协调对经济增长的正效应，打造和优化全球价值链，促进各国的互利共赢，也要注意减少各国经济之间的不利影响，降低因经济发展阶段与政策机制不匹配而产生的负效应。此外，各个国家还需要加强长短期的宏观政策协调，着力解决世界经济发展所面临的深层次问题。

各国应紧紧抓住新科技革命和产业变革的历史发展机遇，加强在高新技术领域的开放与合作，提升各经济主体的创造力，增强全球经济发展的协同性和公平性。各国基础设施建设的互联互通是激发世界经济增长潜力的有效手段，也是促进各国经济联动发展的重要基础，世界各国应加强在基础设施建设方面的互助共进，增加对基础设施建设的资金投入，从人力、物力、财力等多方面加大对基础设施建设项目的支持力度，加快实现全球基础设施的互联互通。中国提出的"一带一路"倡议即旨在促进相关国家基础设施建设的互联互通，通过创建多边合作平台、优化多元合作机制，助力各国生产要素的自由流动，扩大区域合作的范围，增强区域合作的力度，力促各国社会经济发展的深度融合。

中国在加强多边贸易和投资合作的同时，还大力支持并推动国际

组织进行必要的改革,完善多边协调机制,促使国际组织能够在世界经济发展中发挥更大的作用。近年来,中国加快推进《中日韩自由贸易协定》《中欧投资协定》和《中国—海合会自由贸易协定》等协议的谈判进程,积极参与二十国集团、世界贸易组织、国际货币基金组织和亚太经济合作组织等不同层面的多边合作机制的改革,并引领创建亚洲基础设施投资银行和金砖国家新开发银行等,创新多边合作机制,深化各国之间的合作共建,助力全球经济的稳定均衡发展。

习近平主席在世界经济论坛"达沃斯议程"对话会上明确提出:"世界上的问题错综复杂,解决问题的出路是维护和践行多边主义,推动构建人类命运共同体。"改革完善全球经济治理体系,解决"谁来治理""怎样治理""为什么治理"等全球治理的重大问题,必须维护和践行真正的多边主义,必须警惕以多边主义之名,行单边主义之实,或搞"有选择的多边主义"。习近平主席指出:"要弘扬多边主义,其核心要义是,国际上的事应该由大家商量着办,不能由一国或少数几个国家说了算。"多边主义是国际关系民主化的体现,是多边机制运作和发展的基础,是推进全球经济治理的必然要求。多边主义的基本原则是,国际上的事情要由各国商量着办,要按大家同意的规则办,兼顾各国正当利益和合理关切。国家不分大小、贫富、强弱,都是国际社会的平等成员,都要参与到全球经济治理中来,通过充分协商形成全球治理体系变革方案的共识。

今后,中国还将不断强化区域经济合作,继续推进经济一体化和经济全球化的发展,优化新时期自由贸易区的战略布局,积极打造有利于世界经济长期稳定发展的新开放格局,改善国际金融治理和国际贸易投资治理的组织结构和地域结构,努力推动全球经济治理新范式的构建与完善,构筑更加公平、开放、透明的全球经济治理体系,为促进世界经济的高质量增长贡献中国智慧。

二、FTA 战略深化的贸易与投资治理

随着外商投资法的实施,中国自贸协定不断对标国际高标准、高层次投资规则,步入投资条款深化阶段。中国亟需借由 FTA 深化形成投资条款的中国范本,通过规范文本措辞、推进准入前国民待遇加负面清单管理模式、优化例外条款设置、提高规则透明度和完善争端解决机制等实现投资规则的高标准深化,推动东道国国民利益和投资者私人利益的双向平衡,由此促进高水平对外开放和高质量对外投资。

(一)FTA 战略深化下的贸易与投资治理

21 世纪以来,伴随世界多边进程受阻,外部经济环境的不确定性持续提升,积极构建或加入区域贸易协定已经成为世界主要国家参与双边及区域多边合作的主要方式和潮流。与此同时,FTA 表现出显著的异质性分化趋势,尤其当全球多边领域很难达成投资促进与便利化框架的情形下,接近四成协定或多或少突破传统贸易的范围,开始涉及投资的深度自由化。FTA 异质性深化进程及其与投资行为之间的关系,成为国际经济学有待证据支撑的新现象和需要理论解释的新问题。此外,在 WTO 框架内,投资促进条款接近成熟与完善,而投资便利化条款表现出碎片化、分散化等特点,且规定较为笼统。如何推动投资便利化规则范围和深度不断扩展,以促进全球高质量投资,成为当前 FTA 深化的必然趋势与方向。有效的投资便利化条款可以带来更好的政策环境、更低的进入壁垒、更高的行政效率、更完善的投资争端解决机制,可以成为外国投资者的一种强有力的激励。

越来越多 FTA 开始尝试与高标准投资规则接轨,如何形成 FTA 深化与高质量对外投资相协调的格局,成为高标准自由贸易区战略提

升的关键所在。面对百年未有之大变局,我国自由贸易区战略以"扩围、提质、增效"目标深入推进,但中国 FTA 深化水平仍然较低,对外投资持续受限。构建面向全球的高标准自贸区战略,亟待破解高质量对外投资协定深化"缺位"难题。自《北美自由贸易协定》纳入较高标准的投资章节后,越来越多的 WTO 成员方通过投资条款深化参与多边投资便利化框架,已经成为促进高质量对外投资的主要途径。"十四五"时期中国构建双循环新发展格局,企业跨国并购更注重质量效益,需要加快实现高质量"引进来"和高水平"走出去"。但是在促进和保障境外投资的政策服务体系方面,中国高水平对外开放 FTA 规则仍然存在滞后与"缺位",FTA 投资条款深化仍然处于较低水平。在已签署 FTA 中 WTO+深度条款覆盖率远高于 WTO-X 领域。

(二) FTA 投资规则指标

FTA 核心目标在于规范和促进协定区域内的各种投资活动,实现较 WTO 框架下的更大程度的投资自由化和规范化。针对 FTA 投资条款深化目的与领域,可将投资条款分为四种类型:投资促进、投资自由化、投资保护、投资便利化。(1)投资促进包括投资环境与投资服务,为投资者在领土内投资创造有利的环境,并可能提供设立、清算、投资促进方面的咨询服务;[①](2)投资自由化强调对外商投资进入尽可能地减少禁止类和限制类的准入门槛;(3)投资便利化与投资保护强调外商进入后尽可能提高管理和服务效率提供更高的保障。[②]

---

① 具体包括影响政府外资政策与相关法规的制定和修正、针对特定目标进行投资促进活动、提供顾问咨询服务,在条款分类中包括了社会和监管目标、范围和定义两大类别。

② 投资便利化规则具体包括投资措施的透明度和可预测性、行政程序和要求的精简和加快、国际合作和发展等要素。投资措施的透明度和可预测性是投资便利化框架的核心,对帮助投资者了解他们即将进入的市场、投资程序以及扩大投资至关重要。行政程序和要求的精简和加快是投资便利化举措的另一重要支柱,涉及政府如何处理投资监管的问题。在条款分类中包括了制度架构及透明度、争端解决两大类别。

依据"深度协定"数据库，FTA深度投资异质性条款包括六大类别：范围和定义、投资自由化、投资保护、社会和监管目标、制度架构及透明度、争端解决。如表6-1所示，六类投资条款类别下分别有5个、6个、6个、2个、2个和3个子条款，每个子条款下有对应的细分条款。包含细分条款数量较多的子条款内容有投资的定义、投资者的定义、投资保护的国民待遇、征用和补偿、社会监管目标，分别涵盖5个、5个、8个、5个和7个细分条款，而争端解决类别下的三个子条款都只有1个细分条款。从投资子条款涉及的FTA数量来看，各个子条款的FTA分布具有一定的差异性。截至样本末期，总计111个已生效的FTA涵盖了投资条款，包含范围和定义条款类别的FTA达到110个，投资自由化类别和投资保护类别有111个，社会和监管目标类别有99个，制度架构及透明度类别有88个，争端解决类别有108个。几乎所有涵盖投资条款的已生效FTA都包含了投资的定义、投资者的定义、投资保护的国民待遇、国与国之间的争端解决和磋商机制等子条款。但保诚分离、不可减损、保护伞条款、技术合作和能力建设、制度框架/委员会等子条款涵盖的FTA数量仅有34个、19个、9个、20个和28个。

表6-1　FTA投资条款分布状况

四种类型	投资条款类别	子条款内容	细分条款数(个)	FTA数量(个)
投资促进	范围和定义	投资的定义	5	110
		投资者的定义	5	110
		否认的好处	1	76
		条约的范围	2	93
		保诚分离	1	34
	社会和监管目标	社会和监管目标	7	99
		技术合作和能力建设	2	20

四种类型	投资条款类别	子条款内容	细分条款数(个)	FTA 数量(个)
投资自由化	投资自由化	投资自由化的国民待遇	1	97
		最惠国	2	90
		性能需求	1	74
		高级管理层和董事会	1	71
		不可减损	1	19
		调度和预订	2	102
投资保护	投资保护	投资保护的国民待遇	8	111
		征用和补偿	5	90
		武装冲突或冲突时的保护	3	88
		转移	1	66
		保护伞条款	1	9
		代位权	1	63
投资便利化	制度架构及透明度	制度框架/委员会	1	28
		透明度	3	83
	争端解决	国与国之间的争端解决	1	105
		投资者—国家争端解决方案(ISDS)	1	85
		磋商机制	1	105

WTO+深度条款下包含了投资条款以及投资条款的子类别和子条款,具体覆盖情况如表 6-2 所示。总体来看,国家—国家层面上存在深度 FTA 投资条款的无条件概率仅为 4.88%,但 2017 年国家—国家层面上存在深度 FTA 的无条件概率为 26.09%,从世界范围来看,FTA 逐步覆盖深度 FTA 投资条款的趋势十分显著。

表 6-2　FTA 投资条款的缔结状况

Panel A 时间跨度:1958—2017 年	样本量(个)	占比(%)
未签有 FTA 投资条款的国家对	520 590	95.120
签有 FTA 投资条款的国家对	26 730	4.880

续表

Panel B 时间跨度:2017 年	样本量(个)	占比(%)
未签有 FTA 投资条款的国家对	6 742	73.910
签有 FTA 投资条款的国家对	2 380	26.090

(三)中国 FTA 战略深化下的贸易与投资治理对策与路径

第一,针对 FTA 投资领域,中国 FTA 投资条款垂直深化存在明显短板,高质量对外投资缺乏投资便利化条款制度支撑。当前中国 FTA 投资条款包括投资定义、投资待遇、投资保护、投资例外、透明度、投资争端解决机制等传统投资议题,但投资便利化的条款深化存在碎片化、分散化等特点,且规定较为笼统。截至 2017 年,中国 FTA 投资促进条款数量为 134 个,而投资便利化条款数量仅为 74 个。尤其投资便利化条款深化方面,争端解决磋商机制、投资自由化、投资保护三类子条款的绝对数量与相对水平仍处全球较低水平。其中,"准入前国民待遇加负面清单"仍处于不断探索与调整阶段,投资保护条款未明确界定"征收及国有化"含义,例外条款的设置方面尚处于探索阶段,尚未形成统一的投资规则透明度标准等,对中国 FTA 投资规则的理念和标准与国际接轨形成挑战。以此,首先要重视借鉴负面清单加准入前国民待遇的外资管理模式,推动 FTA 投资待遇和投资保护等便利性条款的深化与统一,尝试形成 FTA 成员国均受益的共同投资便利化框架,进而提供 WTO 多边投资便利化框架达成的"中国方案"。

第二,高标准 FTA 投资规则实践不足,全球投资规则的"中国范本"尚待完善。作为高标准国际贸易和投资规则的代表,《区域全面经济伙伴关系协定》(RCEP)、《全面与进步跨太平洋伙伴关系协定》(CPTPP)、《欧盟与加拿大自由贸易协定》(CETA)和《美墨加协定》

(USMCA)等大型 FTA,均进行了高标准投资便利化规则的探索实践。但 RCEP 生效实施的中国投资规则尚不包含服务贸易领域,涉及服务业不符措施比重过低,金融领域存在空白等,投资便利化规则实践经验也相对匮乏。由此,应有针对有重点地推动投资条款的垂直深化,一方面,要注重从并购重点目的国推动 FTA 投资规则深化,如中日韩自贸协定、中国和海合会以及和以色列、挪威的自贸协定谈判,实现 FTA 投资规则的升级。从 2020 年中国跨国并购规模最大的十五个东道国来看,大部分东道国均未签订 FTA,已有 FTA 投资便利化条款覆盖程度仍然较低。同时通过计量模型模拟发现,RCEP 生效实施对双边跨国并购存在显著的促进效应,且样本国家大多为日本以及泰国、印度尼西亚等"一带一路"沿线国家,凸显中国与东盟 FTA 升级和中日韩自贸区建设的重大意义。另一方面,应以 RCEP 为实践基础,积极加入更高标准的 FTA。促进高质量对外投资要从全球高标准 FTA 寻求突破,着重发挥 FTA 第三方效应,通过 FTA 之间网络融合深化带动跨国并购,为促进高水平对外开放注入持久动力。

第三,为增强投资领域的条款细化,不仅要重视投资深度条款覆盖范围的扩大,更要强调对某些存在漏洞的领域进行垂直深化,尤其要以投资便利化和投资自由化领域为重点,重点推进投资便利化类型中制度架构及透明度、争端解决方案与磋商机制等子条款的深度谈判,提高 FTA 深度条款的透明度和规制力,拓展负面清单的范围和领域。具体而言,可通过签署备忘录形式细化和补充投资便利化条款,对原有协定投资条款的某些领域进行深化,如规范投资规则文本措辞、推进"准入前国民待遇加负面清单"模式转变、加快制定服务贸易负面清单、重视例外条款的设置,以及提高投资争端解决程序的透明度等,通过协定之间更多子条款内容的深度融合,构筑更加完善的负面清单法律支撑体系，形成多边投资便利化框架的"中国范本"的实践方案。在此基础上，以高标准 FTA 投资规则系列实践，全面提升中国国际投资规则制定中的话语权与影响力。如依托"一带一路"平台合作备忘录或者协议，推进与缔约国在政治、要素流动和研发合作领域的投资条款深化；积极参与联合国国际贸易法委员会（UNCITRAL）第三工作主持的投资者—国家争端解决改革讨论等，从而为全球投资规则重塑贡献中国经验，构建更高开放水平的自贸区网络。

第七章　国际气候治理的中国实践

第一节　国际气候治理的内容与趋势

随着人类经济社会活动的深入开展和全球工业化的活动持续推进,人类社会在积累大量物质和精神财富的同时,也面临着越加严峻的资源环境问题。其中气候变化领域的相关问题因其自身对世界可持续发展所产生的安全性和稳定性的特殊影响,迅速成为全球环境变化领域被世界各国所关切的核心议题,并一跃成为 21 世纪人类共同关注的问题。

一、气候变化问题成为人类共同挑战

气候变化威胁人类的生存和发展。气候变化问题主要聚焦在由于工业化发展所产生的温室气体对全球气候的影响,特别是工业化发展中所产生的二氧化氮和大量的碳氧化合物等温室气体,它们通过温室效应进一步加剧全球气候变暖,进而影响气候变化。《京都议定书》中规定限排了六种温室气体,包括二氧化碳、甲烷、氧化亚氮、氢氟碳化

物、全氟化碳和六氟化硫，其除直接贡献于大气温室气体含量外，还可通过破坏臭氧层、影响大气环境中气溶胶和云层云量变化等，干扰全球大气和海洋能量循环，进而影响全球生态和气候稳态，对人类生存环境构成了一定的威胁。

2007 年，政府间气候变化专门委员会（简称 IPCC）第四次评估报告指出全球变暖的速度在进一步加快。如果人类不能有效控制温室气体排放，全球气温将持续上升，预计到 2100 年，平均气温会上升 1.1 ℃至 6.4 ℃。20 世纪中期以来全球平均气温升高，主要是由人类活动所排放温室气体所引起的（葛全胜等，2010）。2014 年，IPCC 第五次评估报告进一步指出自 20 世纪 50 年代以来，雪量冰量下降，大气和海洋升温，海平面上升。相关资料显示，从 1880—2012 年，气温上升了 0.85 ℃，北半球 1983—2012 年可能是以往 1 400 年间最热的 30 年。全球平均表面温度表现出大幅度的年代和年际变化率，这种幅度的全球气温变化，将对全球生态平衡产生影响、对人类生存构成威胁。气候的变化已经对人类生存造成了影响，21 世纪的气候变化将继续加剧现有健康问题，放大冲突的驱动因素，对许多国家的关键基础设施造成不利影响，给小岛国和有很长海岸线国家的领土完整带来风险。同时气候变化还将减缓经济增长，进一步威胁粮食安全，使减贫更为困难，贫困问题将更加突出（张存杰等，2014）。

IPCC 第五次评估报告指出，由于经济增长和人口增加所带来的大气中二氧化碳、一氧化二氮以及甲烷浓度增加到过去 80 万年来的最高水平，对整个气候系统都产生了影响，加之其他人类活动因素，这三种温室气体已成为所观测到气候变暖的主要原因。全球气候进一步变暖，对全球大气和海洋海温产生影响，大气环流发生调整，全球降水发生变化，洪涝、干旱、风沙、海潮等自然灾害的频次增加、强度增强，生态